フィリップ・キャム 著／桝形公也 監訳
衛藤吉則・柏葉武秀・菊地建至・中川雅道・森秀樹 訳

子どもと倫理学
考え，議論する道徳のために

萌書房

TEACHING ETHICS IN SCHOOLS:
A New Approach to Moral Education by Phillip Cam
Copyright © Philip Cam 2012
All Rights Reserved.
First Published in Australia by ACER Press,
an imprint of The Australian Council for Educational Research Ltd.
Japanese translation published by arrangement with
The Australian Council for Educational Research Ltd.(ACER)
through The English Agency(Japan)Ltd.

凡　例

1　本書は，Philip Cam, *Teaching Ethics in Schools: A New Approach to Moral Education*, ACER Press, 2012. の全訳である。
2　原文のイタリック体のうち，著作あるいは作品については『　』で括って表した。
3　原文の'……'は「……」とした。
4　原文イタリックのうち，強調を表すものは傍点を付した。また，原文のキャピタリゼーション（大文字化）は太字で，下線は下線で表すことを原則としているが，特に強調する必要はないと判断した場合や，文脈上煩雑になるものは，必ずしも原則に従っていない。
5　原語を補った方が分かりやすいと考えたところは（　）内に原語を示した。
6　〔　〕内は訳者による補足である。
7　引照文献のうち邦訳書があるものは，適宜その訳文を参考にさせていただいたが，本書の引用箇所の訳文については，必ずしも邦訳書に従っていない。
8　原注は1），2），3）……で，訳注は1］，2］，3］……で示し，各章末で説明を加えた。

日本の読者のために

　『子どもと倫理学』の日本語版に対する緒言のために，私は，私自身の学習の旅路と本書を執筆することとなった教育的背景について，簡単に触れたいと思います。その後で，私は，学校で倫理学を教えるために本書を使用したいと思っている人に役立つと思われる一般的な所見を述べようと思います。

　中等学校教師として専門的なキャリアを始め，それから哲学の研究と学術的な生活に戻ってからほどなくして，私が哲学と学校教育とを結び付けるという考えに惹かれるようになったのは，驚くほどのことではありませんでした。この道を進んでいくときに，本当に幸運なことに，私はアメリカの哲学者で教育者でもあるマシュー・リップマンと面識を得ることになり，何年にもわたって，彼と一緒に仕事をする多くの機会に恵まれました。リップマンは子どものための哲学の開発でよく知られています。そこには彼が書いた一連の哲学的小説やそれに付随する教師用のマニュアルが含まれ，さらには，教師に理論的基礎や関連した教授方法を紹介する本も含まれています。ほとんど彼の影響の下に，私は子どものために私自身の哲学的な物語と教師用の教材を書き始め，さらには教室での実践に対して哲学的な取り組みをする本も書き始めました。『子どもと倫理学』(原題は "Teaching Ethics in Schools") はそのような本の一つです。

　この本は，オーストラリアでの倫理学教育における二つの開発がなければ，おそらく執筆されなかったでしょう。当然，学校は児童生徒の道徳的発達に関心を払っていますが，倫理学はオーストラリアの学校教育では標準的な科目ではありません。学校の中には倫理学を選択科目としているものもあります。そして，倫理学は後期中等学校の哲学コースの一部ですが，ほとんどの生徒はこれらの科目を受けないままに学校を修了します。もちろん，授業の多くの領域には倫理的次元があり，それは，カリキュラムの記録文書では一般的に認識されています。そうではあるものの，オーストラリアの新カリキュラムを開発す

るに際して，オーストラリアのカリキュラム，評価および報告機関the Australian Curriculum, Assessment and Reporting Authority（ACARA）は，最近，この事態に対してはっきりとした体系的な注意を払うようになってきています。新カリキュラムには，そのカリキュラムにある様々な科目の中で対処すべき多くの一般的な力が含まれており，倫理（学）的な理解Ethical Understandingもそのような力の一つです。

　本当に幸運なことに，私はACARA当局から倫理（学）的理解のための枠組みの開発を手伝うように求められました。『子どもと倫理学』はこの経験を少なくとも二つの点で反映しています。一つは，この本の目指すところは，教師が教室で教える教科の中でどのようにすれば児童生徒の倫理（学）的理解を発達させることができるかを，教師に示すということです。それは，単に個別の教科として倫理学を教えるための教科書ではないということです。第二に，本書の焦点は，倫理学的主題の教科書的知識を提供するというよりもむしろ，児童生徒の倫理（学）的理解を開発することに当てられています。このように述べたからといって，児童生徒がそのような知識を獲得する必要がないと言っているわけではありません。それは，児童生徒が他の学習領域で知識を獲得する必要があるのと同じことです。倫理学的知識は児童生徒の倫理（学）的理解を育成するのに不可欠なものです。教師もまた，この領域の，少なくとも，基本的な知識がなければ，学術的な文脈における倫理学的な主題を適切に取り扱うことはできないでしょう。それにもかかわらず，本書は，教育の一つの目標としての倫理（学）的理解の発達を強調するという点で，オーストラリアのカリキュラムと呼応しています。

　私が関わったもう一つの開発の方に目を向けましょう。歴史的に，道徳性は宗教と密接に結び付いてきました。そして宗教教育には伝統的に宗教の道徳的次元が含まれています。私が言っているのは，もちろん，信仰を受け容れる際の道徳的側面のことであり，学術的な宗教研究のことではありません。オーストラリアでは，宗教教育は，信仰をベースにした学校では全般的に存在しますが，国立や州立の学校は世俗的であることを明言していますので，そこには存在しません。州立の学校では，宗教的な動機を持った道徳教育は宗教的な指導

というカリキュラム外の文脈内で行われています。このような道徳教育が行われているのは，典型的には，授業のある週の1時間未満であり，様々な信仰と結び付いた指導者が学校に来てその信仰を共有する一群の児童生徒に教えることになります。宗教を承認しない家族が次第に多くなり，かなりの割合の児童生徒がもはや宗教指導に出席していません。数年前，このような状況に対応して，シドニーにある倫理（学）センターが，もはや宗教指導に出席しない児童生徒のための一つの選択肢として倫理学の導入を視野に入れた上で，州の教育局に申し入れをするための最善の方法について，私の助言を求めてきました。このような事情で，私はこのような児童生徒のための倫理学的探求のパイロットプログラムを考案するように求められたのです。それは，倫理学的論点や問題に対する協働的探求という授業を1学期間行うというものでした。

　このパイロットはメディアよって大変な注目を受け，教育団体とコミュニティ全体の両方で広範な議論の対象となりました。その反応は概して肯定的でしたが，ある宗教グループから，倫理学に対する哲学的アプローチは宗教に反するかもしれないという懸念が，表明されました。これは重要な論点であり，私が本書で論評しているものです。宗教と哲学は長いもつれた歴史を持っているという事実は別として，ここで敢えて言うとすれば，私の考えでは，厳密にはアンチテーゼは宗教と哲学の間にあるのではなく，知識や理解に対する独断的な態度と探求する態度との間にあるのです。いずれにしても，このパイロットに対する好意的な評価を受けて，政府は倫理学を州立学校での宗教指導を受けなくなった児童生徒のための一つの選択肢として取り入れるという決定を下しました。

　このパイロットプログラムが協働的探求へと焦点を当てているのはマシュー・リップマン（Mathew Lipman）の影響を示しています。彼は，学校における哲学教育を，主題が持つ形而上学的，認識論的，倫理学的アスペクトに対する探求の共同体と彼が呼んだものの形成を学習すること，と考えました。私はこれまでに，倫理学的探求を扱っている教材を沢山書いてきましたし，倫理学は常に，私が教師のために実行したトレーニングプログラムの一つの要素でしたが，このパイロットを立案するという経験は，それを遂行することができる

人をトレーニングし、その実施をチェックするという点で、本書を執筆するために決定的に役立ちました。この経験によって、非常に明確になったことは、リップマンの探求の哲学的な共同体が、倫理学(的)共同体——単に主題という点で倫理学的というだけでなく、児童生徒がその主題に関与し、お互いに関与し合うという点でも倫理的である共同体——への関与のためのモデルを提供してくれたということです。

『子どもと倫理学』を執筆するきっかけとなった経験や状況はこれくらいにして、読者を方向づけてくれるのに役立つ一般的な性質に関するいくつかの特徴に戻りましょう。本書は、道徳教育に対する一つのアプローチを提案していますが、それは、多くの人がまったく新しいアプローチであると考えることでしょう。そして、私は、道徳教育に対する学校のアプローチの仕方を変えるという提案が慎重に取り扱われる恐れがあるということを、自覚しています。したがって、提案されていることが何であり、また何でないかについてはっきりさせることは重要でしょう。

学校は、児童生徒が良い行動を取るように教え、そうするように訓練する努力を絶えずしています。本書は直接的な道徳教育や道徳的訓練に提供するものはほとんどありません。その代わりに、本書は倫理(学)的理解に焦点を当てています。だからといって、指図や訓練を軽視しているわけではなく、それらを補完しているのです。児童生徒が広範囲な学校活動から受け取る社会的訓練は規律ないし行動管理を補完しているわけですが、本書も、道徳的な事柄をカリキュラムの内で処理することによって、そういったものを補完しようとすることなのです。本書の目的は、私たちが児童生徒を科学的にあるいは数学的に教育するのとほぼ同じ仕方で、道徳的に教育するということなのです。

焦点をこのように変化させることは多少の調整を要することかもしれません。ACARAですら、最初は、倫理的行動Ethical Behaviourと名づけた一般的能力のための枠組みをカリキュラムの内部で開発するのを手伝うよう、私に依頼しました。倫理的行動というタイトルが意味深長です。倫理的行動をカリキュラムの中に組み込むとはどういうことなのでしょうか。例えば、評価について言えば、それはどういうことになるでしょうか。この場合、ある教科の評価は、

倫理的行動のための達成基準の到達程度を反映していなければならないでしょう。行動を参考にするということを文字通りに受け取るならば，それは，例えば，理科あるいは算数ないし数学において児童生徒の行動がどの程度倫理的であるかということに照らして，その成績をつけるということになるでしょう。そうなれば，学科の科目の点数を，学科とは関係のない基準を背景としたパフォーマンスに基づいて調整するということになるでしょう。明らかにこれは間違っています。ACARAが倫理的行動というタイトルを撤回して，倫理（学）的理解というタイトルを選んだのはほとんど驚くに当たりません。というのも，倫理（学）的理解は通常の学科の基準や評価基準を反映しているからです。

　そういうことですので，明確に理解することにしましょう。『子どもと倫理学』で取られたアプローチは，学校が行っている道徳的に関与した形態の教示とは異なっています。本書は，倫理学を教授する際に，ある種の行為を育成しますが，それは，第一義的には，児童生徒にどのように行動すべきかを教示するということとは関係していません。もっと特殊的に，それは児童生徒の中に，道徳の領域に対する哲学的なアプローチを通じて——道徳的言語の本質，道徳的知識の起源，道徳的責任の条件，道徳的判断の正当化といったようなことを探求する道徳性の研究を通じて——獲得されるような種類の理解を育成することを目指しています。このような学習をすることによって，児童生徒は道徳的概念をもっと深く理解するということ，一層良い道徳的判断を形成し，道徳的事柄に対する理解をさらに改善することができるより思慮深い成熟した行為者となることができるということ，このようなことが期待できます。

　私は先に次のような指摘をしました。それは，このアプローチは，教師がある程度倫理学の知識，つまり，道徳的事柄を取り扱う哲学の一部門についての知識を持っていることを要求するという指摘です。歴史の教師は児童生徒を助けて，異なった時代と場所に住む人々が道徳的判断を行い，それを正当化する時に何を根拠にしてきたかを理解できるようにしてくれます。あるいは，例えば社会科で倫理的な問題に対処しようと計画している教師もいますし，さらにはまた科学や科学技術を様々な仕方で用いる際の道徳的問題に取り組もうとする教師もいます。このような教師が本書で推奨されたようなアプローチを用い

ようとするならば，誰でも倫理学的理論の知識を多少は必要とするでしょう——それは，そのような教師が自分の教える科目の知識を必要とするのと同じことです。結局，本書を利用して学校で倫理学を教えようとする教師は第3章に記載してある倫理学の導入を飛ばして読むことはできません。それが含む教材は成功には不可欠です。実際，私は，哲学の一部門としての倫理学の知識を正式には持っていない読者が第3章を自分で行う倫理学教育の取りあえずの初歩と見なすことをお勧めしました。

　教授方法についていくつか予備的なことを言わせて下さい。児童生徒に倫理学を従事させる鍵は，それが探求を引き起こすということです。哲学の一部門として，倫理学は探求のツールと手続きを採用します。このことは，道徳教育への哲学的アプローチではそのようなものが教えられる必要があるということを意味しています。それは，倫理学的な論点と問題が何であるかを明らかにし，その論点と問題について適切に問うことによって吟味し，それらの問いについて筋が通った考察を行うことによって与えることができる可能な解答を追求し，正当化しうる結論に達するということを，児童生徒に教えることを含んでいます。こういったことを行うためには，児童生徒は，語られたことについて明確になるために，必要な区別をし，また必要な関係づけをすることができる必要があります。児童生徒は，道徳的判断をするために用いられる基準を特定し，それを吟味することができる必要があります。児童生徒は，自分たちが語ることを説明し正当化する覚悟ができている必要があります。児童生徒は想定されていることを特定し，適切な推論をすることができる必要があります。こういったことはすべて，筋の通った，探求型のアプローチには必要なのです。

　方法論に関して最初に強調しておきたいもう一つのことは，探求を協働で行うということの重要性です。このことを見て取ることができるのは，協働的な探求が上で述べたような種類の思考過程を変容する方法に注意するときです。児童生徒は頭の中で何らかの倫理的問題や論点を思案しているというよりも，むしろ，共に考察しているのです。児童生徒はそれを取りとめのない形で考えることに取り組みます。このような形で考える人は単に主題に専念するだけではありません。お互いと関わり合ってもいるのです。このことによって事態は

遊戯となります。ディスカッションにおいて，考える人たちは語り傾聴するのです。そういう人にとっては，思考は，口頭ではっきりと表現し積極的に傾聴するということ，お互いにコミュニケーションを取り理解し合うということ，こういったことと固く結び付いています。それぞれの参加者が発言に貢献し，それに基づいてお互いに応答し合います。お互いに問いを提出し，支持と批判を行い，探求を別の仕方で提案し，異なった見解を提出します。社会（社交）的形態で思考するということは頭の中で収めておくというよりはコミュニケーション的なのです。このような思考は自分一人で考える人のプライベートな過程をインターパーソナルな交換へと変えるのです。

　このような協働的な思考は批判的で創造的であるというだけではありません。それは，ケア的でもあるのです。それは，児童生徒がお互いに助け合いながらみんなで協力して前進するということを強調します。それは，児童生徒が自分たちの意見の違いや意見の不一致を合理的に取り扱うように教えます。それは，児童生徒を導いて，自分たちが扱っている主題やその処理についてケアするようにさせます。こういったことはすべてケア的思考の例なのです。こういったことは，批判的思考や創造的思考にとってと同様，協働的探求にとって不可欠の要素なのです。こういったことは，探求に対してはもちろん，お互いに対しても道徳的敬意を払うということによって鍛えられる思考を含んでいます。ケア的思考が注入されると，教室における協働的な探求それ自体が倫理的実践の形態となるのです。

　『子どもと倫理学』で採用されたアプローチが教育的に重要であると私が考える理由について，最後にもう一言付け加えさせて下さい。学校がそのための準備をしているかどうかは別として，学校が児童生徒に教科教育に加えて道徳教育を提供しているということは避けることはできません。結局，学校で働いている人たちはかなりの精力を児童生徒の行動を管理することに注いでいますし，その人たちの継続的な努力は発育への道徳的な影響力を持っているのです。学校で働いている人たちは，児童生徒に対して自分たちの行為に責任を取るように教育することはもちろん，運動場でのいじめ，不正行為，教師や学校の資産を軽視することなどにも対処しなければいけません。児童生徒に学習に対す

る意欲を教え込み，最善を尽くすように励まし，学校生活に対して積極的に貢献するように働きかけるといった努力をします。たとえそうであっても，私が知っている教育システムでは，学校生活における知的次元と道徳的次元との間には大きな隔たりがあります。児童生徒はその一般的な行動に関しては道徳的存在と見なされてきましたが，学習の教科内容ということになると，知的で本質的には非道徳的（道徳とは関係がない）存在であると見なされてきました。結局，児童生徒の道徳的発達はその学習とは大抵独立に進行しているのです。これは私たちが是正する必要があるものなのです。私たちは，児童生徒が学ぶ教科の道徳的次元に注目することによって，児童生徒の道徳的発達と知的発達を統合する必要があるのです。『子どもと倫理学』はまさにそのようなことをするようにデザインされているのです。

　最後に，『子どもと倫理学』を日本語に翻訳して下さった桝形公也氏と彼の同僚に，また本書を日本の読者に届けてくれた出版社に，感謝を表明したいと思います。桝形氏のお蔭で，私は，2015年に京都で開催された関西倫理学会の大会で講演するという光栄に恵まれました。そして，日本滞在中に彼と彼の同僚と議論するという機会にも恵まれました。本書の日本語版はこのような相互交流の果実の一つなのです。

2016年11月

フィリップ・キャム
ニュー・サウス・ウェールズ大学
オーストラリア

序

道徳教育の問題

　私の祖父母の世代には「かわいい子には旅をさせよ」という考えが広く行き渡っていました。このような考えは，私が子どもの頃は，すでに衰えていたとはいえ，私の父は不品行にはまだ体罰を与える傾向にありました。教師の中には同じ傾向を持っていた人もありました。そういう人たちは，子どもが良い性格の持ち主となり正しいことをするようになるには，罰を与えることが一番であると信じていました。疑いもなく今日でもこの伝統に従っている親がいます。しかし，罰を与えるのを否定する考えは社会に広まっており，教室で体罰をすることはもはや許されません。道徳教育のやり方が変わってきたのは，道徳的信念や道徳的態度そのものが変化したからです。大人に関してはっきりしている例を挙げると，内縁関係に対する態度は今日，私が教育を受けていた時代とは大きく異なっています。この分野の法改正を振り返ってみれば，コミュニティの態度が変化していることがよく分かります。コミュニティの態度が変化してきたために，道徳教育にははっきりした問題が生じています。私たちは子どもがしっかりとした価値観を育み，正しい倫理的決断をすることができるようになることを望んでいます。しかし，道徳教育が襲い来る横風や変わりやすい流れに直面しているとすれば，学校はどのように舵を取ったらいいのでしょうか。

家庭と学校

　この問題に対する一つの答えは，学校が道徳教育を家庭に任せてしまうというものです。道徳教育は親に任せて，親が子どもに自分たちの価値観を教え込むようにすべきだというのです。だからといって，学校は道徳的な事柄から完

全に手を引くべきだということにはなりません。学校にはやるべきことがたくさんあります。児童生徒が学校の規則に従うようにしなければなりませんし，明白な道徳的逸脱に対処しなければいけませんし，運動場や教室で起こる間違いを正さなければいけません。しかし，学校は親とのいざこざの元となりかねないものを避けなけなくてはいけません。また，外のコミュニティで道徳的論争が続いているような領域に学校が立ち入るべきでないことは論を待ちません。

　こうしたやり方は賢明に思われるかもしれませんが，同時に犠牲も伴います。家庭は，必ずしも，私たちが望んでいるようなゆりかごではないという事実に直面せざるをえません。私たちはいつも，親が模範的でないとか，道徳をなおざりにしていると言って，非難しようと思えばできますが，社会が事態を収拾しなければならないとしたら，親に非難を擦りつけたところで，それは一体私たちにどれくらい役に立つのでしょう。道徳教育を家庭に閉じ込めても，社会が道徳的な不一致や不確定さにどう対処するのかということに役立つ教育的手段を提供することにはなりません。道徳教育を家庭に閉じ込めるのは不作為の罪に似ていて，そんなことをしても，社会の緊張や分裂という問題を解決する道徳的手段を児童生徒に差し出さなければ，これらの問題は再生産されるだけです。すべての人が満足するような仕方で責任を学校と家庭に割り振るような，道徳教育のための処方箋はおそらくないでしょう。けれども，最も合理的な行動方針は，学校が家庭と協力し合うことで，利害を調停することです——つまり，学校が，家庭の価値観に基づいて子どもを育てるという親の権利を拡大させつつ，その権利を侵害しないようにするというものです。このようなことをする際に，私たちは，道徳の領域が不一致と論争の源であるということを認識する必要がありますし，児童生徒がそういったものに生産的に対処する方法を学ぶことができるようにしてあげる必要があります。

宗教に訴えること

　道徳教育へのもう一つのアプローチは宗教に訴えることです。宗教的な人は道徳上の指導教授のために信仰を頼みとし，ある信仰内で育った子どもはその道徳的な教えに導かれます。このようなことは家庭の中で起こるだけでなく，

宗教的な共同体の内部でも起こります。そして子どもが信仰をベースにした学校に通うならば，このようなことは，その子の教育的経験の中に埋め込まれていきます。

　オーストラリア人の大半は何らかの宗教的信仰に一体感を抱いていますが，それは名目上の信仰でしかない場合がほとんどであり，宗教的信仰に一体感を抱いている家庭の子どもは当然信仰に基づく道徳内で育てる必要があると考えるとしたら，それは間違っているでしょう。学校教育に関して言えば，子どもの3分の2は公立の学校に通っており，そこでは，ほとんど，あるいはまったくと言っていいほど，宗教とは接触がなく，しかも公立学校の子どもの数はますます増加してきているのです。宗教に基づく道徳が社会の一部にどれほど価値を持っていようと，それは他の領域では無視されるか激しい拒否に直面せざるをえないでしょう。ですから，それは非宗教的な学校で道徳教育をするために一般的に必要な条件を満たしていません。

　このような事実は世俗的な介入が必要であることを示していますが，道徳は宗教と切り離すことはできないという主張がなされることがあります。このような主張の言おうとしていることは，宗教との関係を持たずに育てられた子どもは本当の道徳を持つことができないということか，あるいは，今は宗教に触れる機会を奪われているとしても，子どもの持っているどんな道徳も元をただせば宗教に基づいているということなのです。このような見解は，道徳を形成してきた歴史的・文化的なものにおいて宗教が果たした役割を強調しすぎています。道徳的指針や理解は宗教的な伝統だけでなく，哲学的伝統にも由来しているのです。例えば，ある種の黄金律——自分にして欲しいことを人にしてあげなさい——は，古代のものであれ，近代のものであれ，ほんどすべての哲学的倫理学的伝統の特徴をなしています。聖アウグスティヌスや聖トマス・アクィナスのようなキリスト教の教父の最も有名な人たちの中にはプラトンやアリストテレスのような西洋の哲学者によって影響された人もいます。宗教的体系と哲学的体系は密接に関連してきたわけで，宗教は哲学に刺激を与えただけでなく，哲学から恩恵を受けてきたのです。

哲学に頼ること

　私が以上のような点を指摘したのは，道徳は宗教から導き出さなければならないという主張に反対意見を述べるためだけでなく，哲学は道徳的事柄について学校教育にとって価値ある思想をもたらしてくれるということを言いたいからでもあるのです。倫理学は哲学の一分野であり，古典時代から高等教育機関で教授されてきました。ならば，どうして学校で教えることがふさわしくないと言えるでしょう。児童生徒が学校で最初に学ぶ他の教科と同じように，適切に構成された初歩的倫理学は，それ自体学ぶにふさわしい科目としてだけでなく，カリキュラム全体を通して学ぶという側面からしても，低学年から教えることができるのです。

　道徳教育をカリキュラムの中に確保することと，道徳教育を行動管理といったようなものとして，あるいは行為の訓戒といった類のようなものと見なすこととは別のことです。しかしそうであったとしても，道徳教育をカリキュラムに組み込むからといって，道徳教育を行為から切り離してもいいと考えることはありません――どんなカリキュラムの領域であってもそのようなことはありえないはずです。その反対に，倫理学プログラムは適切に構成しさえすれば，児童生徒の行為や性格に対してかなり有益な効果を示すことが期待できます――そしてそれを児童生徒の学びにうまく組み込むことができれば，児童生徒の教育の方向全体に有益な効果を示すことが期待できるのです。

相対主義と絶対主義の両者を避けること

　公立学校は，家庭や教会と同じような仕方で，道徳的権威の源となることはできません。なぜかと言えば，公立の学校は，社会的にも宗教的にもあらゆる種類の背景を持っている子どもたちが集まってくる場所だからです。学校が多種多様な人々からなる子どもたちに一組の共通の価値を押しつけようとすれば，そのような試みは，価値観は文化ごとに，あるいは個人ごとに相対的であると見なす傾向とぶつかることになるでしょう。

　文化相対主義が生じるのは，私たちの社会が多文化的な性質を持つことを認め，称賛することと，それぞれの宗教的，民族的信念と実践は尊重しなければ

ならないという主張とが結びついた場合です。個人主義的な相対主義は構成主義に救いを求めてきました。構成主義は影響力のある学習理論であり，それによると児童生徒は自分たち自身の表現や信念を構成することによって学習するということになります。その論理が少し行きすぎると，構成主義は，ある人にとって善あるいは正義であることも別の人にとってはそうではない，と主張しているのだと受け取られることがあります。つまり，価値は個人に相対的だというのです。文化相対主義と個人的相対主義との間で折り合いをつけることは難しいのですが，両者とも私たちの学校では健在なのです。

　このように，公立学校で価値が多様であるとのとは対照的に，宗教的価値や文化的価値そのものには，価値の相対性を受け入れることがしっくりこない場合がよくあります。私たちの社会を作っている様々な社会的グループや民族的グループの中には，自分たち自身の生き方と矛盾している生き方を白眼視したり，しばしば不信感を持って，ときには敵意を持って見てしまいがちな人がたくさんいます。また，信仰にはいろいろあっても，その信仰を信じる人は普通，自分の信念や価値が自分たちにとってしか真でないとか正しくないとは思っていません。相対主義は融通の利くものと見なされていますが，一方で，それは正しい信念や価値を持っているという考えそのものに対する懐疑主義を助長します——もしも，どんなグループの信念や価値であれ，同じように受け容れるということが本当に可能ならば，読者自身の信念や価値も含め，どんなグループの信念や価値でも同じように良いということになるでしょう。個人的な相対主義の場合，事態は一層悪くなります。もしも真であり正しいということが，私にとってのみ真であり正しいということでしかないとするならば，私が間違っているかどうかを議論する意味がありません。もしも，私が自分自身にとって真——それが何を意味しようと——であり続けるなら，そうなります。それだけでなく，道徳的評価ということも消え去る以外ありません。

　児童生徒には様々なバックグラウンドがあるという事実は注意を払う必要がありますが，相対主義者の対応は方向を見失っています。なるほど，真の正しい見解は唯一つしか存在しない，それは私（私たち）の見解であり，他の見解はすべて不真実であり不道徳であるという絶対主義は極端です。しかし，判断を

しないという相対主義者のやり方も反対の極端です。私たちは，絶対主義と相対主義の両極端の間を航海できるようにしてくれる道徳教育のアプローチを必要としているのです。この点に関して，これらの危険性のいずれも道徳について問い，討論するという考えを持っていないということに注意することは大切なことです。一方は，疑問の余地のない道徳的権威に絶対的に賛意を示し，他方は，道徳性（morality 社会規範）を個人の主観に委ねるか，道徳的権威を自分のグループの安定した見解や価値に置いているのです。これら二つの見解に取って代わることができるものは，信念や価値に関する議論や思慮深い考察を奨励することなのです。開かれた社会における道徳教育への満足のいくアプローチはこのような道を歩むべきなのです。

良い道徳的判断を育成すること

　子どもの道徳的性質に関する見解の歴史を振り返ってみると，子どもは罪の中に生まれるというピューリタン的理解と，子どもは幼年期には無垢であるというロマン主義的理解ほど，相対立しているものはないことが分かります。前者は子どもの不従順は悪魔の印であり，規律や罰によって取り除かれなければならないと主張しましたし，一方，後者は，社会は子どもを堕落させ，子どもの生まれながらの美徳を奪うという考えでした。二つの見解は両方とも誤っています。一方は，完全な形をした悪意ある行為者が子どもの中に，あるいは子どもを通して行為をしているという悪質な神話に依拠しています。他方は，未経験と生まれながらの人格形成を善と誤解していて，子ども時代の素朴な考え方を社会の歪んだ見方と結合しているのです。幼い子どもは無論行儀の良いときもあれば，悪いときもあります。しかし，事実は，幼い子どもはまだ十分には道徳的判断力を身につけてはいないということなのです。このことの意味は，道徳教育は生まれつき悪であるものを根絶するとか，子どもの天使的な美点を守ってあげるというような事柄ではないということなのです。そうではなくて，道徳教育は子どもが良い道徳的判断を身につけるように手助けすることなのです。

　もっと卑近な意見を考察して同じ主張をすることできます。正しい心を持っ

た人は誰でも常に，道徳的なことについて，何を考え，何をすべきかを知っているというのであれば，道徳教育を準備する必要は特にないでしょう。そのような場合，私たちにする必要があるのは，ただ，子どもたちが正しいことを行うように励まし，間違ったら正してあげるということだけでしょう。これは普通に抱かれている見解であり，またなるほど，子どもたちも，私たち大人と同じように，折に触れて道徳的奨励や矯正が必要でしょう。しかし，道徳的な正しさと良さは常にあらかじめ確定していると考えるならば，道徳的に何が難しいのかを大抵誤解することになります。このような考えは道徳的困難を善と悪，あるいは正と邪との間の葛藤と考えており，その葛藤では私たちは，してはいけないと常に知っていることを，道徳的弱さとか環境の圧力に負けて，してしまうというのです。こういった場合もあるでしょう。しかし，道徳的な問題や争点ではるかに普通に生じることは，競合する善の中のどちらかを選ばなければならないとか，比較的ましな悪を選択するといったことなのです。このような場合，すべての妥当な考察に通じている分別のある人の間でも，違った結論に至ることがあるのです。例えば，次のような問題はどう考えるべきでしょうか。家族と過ごす時間を増やすために仕事をもっと少なくするべきだろうか。たとえ人を傷つけることになるとしても私は約束を守るべきだろうか。たとえ相手の感情を害することがあるとしても真実を伝えるべきだろうか。正しい心を持っていれば，このような場合にどうすべきかがおのずと分かるということは最もありえないことでしょう。このような場合に必要なのは，熟慮と判断なのです。

　良い道徳的判断は自動的に発達するようなものではありません。私たちの同僚が行った最も簡単な調査ですら，道徳的な判断に関しては誰も訓練の必要はないという考えを否定していますし，このことは子どもの場合はまさに当てはまります。良い道徳的判断の育成には時間と労力がかかります。このような判断を形成する様々な方法に関して何が決定的なのかということのノウハウを知っていれば，良い道徳的判断の育成にも役に立ちます。このようなことが道徳教育のための課題なのです。そして，もっと特殊的には，倫理学において生じるような探求のための課題でもあるのです。

共に探求することを通して倫理学を教えること

　倫理学は哲学の一分野であり，倫理学を上手に教えるための鍵は，児童生徒が哲学的に探求できるようにすることです。それには，論点や考え方に対して理由に基づく探求をする必要があります。例えば，「よい」というような言葉を道徳的に使用する場合と道徳とは関係ない形で使用する場合の違いを学ぶというようなことは初歩的と言えるかもしれません。また，行為の帰結が行為者の意図よりも道徳的に重要であるか（重要でないか）どうかを決定するのは上級的と言えるかもしれません。いずれにせよ，倫理学を，探求を通して教授することと教科書を用いて教授することとの間には決定的な違いがあります。後者は児童生徒に学ぶべきことを多く与えても，反省させることはほとんどありません。前者は，児童生徒が道徳的事柄について何を考えなければならないかを教えることから，児童生徒が道徳的に考えることを手助けすることへと，強調を移します。さらに，倫理学的探求は，他の仕方ではなかなか習得できないような問題について考える方法を児童生徒に教えます。倫理学的探求を通して，児童生徒は，倫理学者が考えてきたように考えることを学び，あらゆる種類の問題や論点にこのような思考を応用します。言い換えれば，倫理学者が言ってきたことを単に学ぶというよりも，むしろ，倫理学者がしてきたことをするようになることができるのです。

　しかし，たとえ上述のことが当てはまるとしても，倫理学的探求は，個人一人の探求によってなされるか，あるいは他者との協働でなされるかで，非常に大きな違いがあります。よくあることですが，ある倫理的な問題で異なった立場をとる二人の人を取り上げてみましょう。甲は，ある個人が道に外れたことをしたと言って非難します。一方，乙は，その個人が耐えなければならなかった状況を社会が改善する努力をほとんど，あるいはまったくしなかったと言って社会に責任があると言います。どちらの判断にも限界だけでなくメリットもあります――各々の論者たちはお互いに学ぶべき点があります。二人の論者がこの問題に協働して探求するという精神を持ってアプローチすると想定してみましょう。お互いに傾聴し合うようになれば，どちらも相手の意見をじっくり検討するようになります。見落としていたかもしれない道徳的に妥当な考察へ

と注意を向け，それを前とは違った形で評価できるようになるのです。お互いに理由づけをやり取りすることによって，各々の判断を分析し，論拠に委ねるようになるのです。そして，お互いの見解を考察する心構えができることによって，相手と関わるときに一層理性的になることができるようになるのです。このような実践のレパートリーそのものが倫理的行為の一つの形態なのです。このようなレパートリーには思慮，尊敬，払うべき配慮，節度を見て取れます。このようにして道徳教育のための理想的な手段を手に入れることができるわけです。

　道徳教育に対する協働的倫理的探求アプローチはかなり融通が利き，低学年から採用できますし，いろいろな教科に組み込むことができます。このように見てきますと，このアプローチは道徳教育への体系的なアプローチを作るときの基礎となることが分かります——そこでは，児童生徒の倫理的知識や理解を何年にもわたって育成することができ，児童生徒の学習が持っている道徳的側面にいつも注意が向けられるようになるのです。

　私たちは，児童生徒がその社会的行為に関しては道徳的存在であっても，学業に関しては道徳を超越した知識人である見なすことがあります，このアプローチはそのような誤解を避けることができます。このアプローチを使えば，私たちは，児童生徒が自分たちの学習に関係する論点や考え方を道徳的に考察してみるように促すことができます。児童生徒に自分たちが学んでいることの倫理的な意味を調べるように促すとき，このアプローチでは，児童生徒は全体的な人間と見なされます。つまり知的な知識や理解だけでなく，態度や感情も同じように教育的な配慮の対象となるのです。もしも私たちが児童生徒を本当に人格と見なすなら，このことこそが求められるべきものでしょう。

本書について

　『子どもと倫理学』は二つの部分から成り立っています。最初の部分は理論的基礎を取り扱っています。道徳教育を上手にやる際にはこの基礎に基づく必要があります。それに対し，もう一つの部分は実際に役に立つ方策や練習を含

んでいます。教師は学校でこれらの方策や練習を子どもたちに刺激を与える教材として使うことができるでしょう。

　第1章は、私たちが道徳教育について考え始めるときに考慮すべき事柄を紹介します。最初に考慮すべきことは、私たちが道徳性に言及するとき、何を語っているのかということをはっきりと理解している必要があるということです。私のアプローチは道徳性を道徳的判断の性質によって特徴づけるということです。道徳的判断の性質は、議論が進むにつれて最も重要であるということが明らかになっていくものです。道徳性の性質に加えて、その起源は社会的なものか、生まれながらのものか、宗教的なものなのかという問題があります。同様に、道徳的な行いがどんな能力に基づいているのかという問題があります。私たちはまた、子どもたちが入学する前に子どもたちの道徳的生活は始まっているのだということ、学校生活を送るようになっても、子どもたちは教室の外でも道徳的経験を積んでいるのだということ、これらのことも考える必要があります。こういった事柄は道徳教育の枠組みを作るときには考慮に入れ、基礎ともしなければならない条件なのです。こういう状況のゆえに、子どもたちが異なった信念や意見を教室に持ち込むことになるという事態は避けることができません。そして、私たちはこのような事態を生産的に受け止める方法を見つけなければなりません。最後に、道徳教育にあたっては、教育の目指すべき社会のあり方を広い視野で構想するということが大切です。私たちが開かれた民主主義的社会を信頼しているということと、教育の目的はそのような社会であると断言することとは別のことなのです。道徳教育に関わる場ほど、民主主義的な目標と実際の行為との間の緊張が生じる場はないのです。

　第2章は道徳教育の伝統的なアプローチに対する批判的な評価から始まります。道徳教育の伝統的アプローチには、伝統的な道徳的な指導教授、賞罰の使用、性格訓練が含まれています。これらのアプローチにはそれなりの位置づけがなされていますが、現代的な教育目標ともっと調和したアプローチを行う場を作る必要があります。私たちは、児童生徒に道徳的判断に関して何を考えるかを教えることからどのように考えるかを教えることに重点を移す必要があります。ここに哲学が導入される余地があるわけです。哲学の道具を用いて、協

働的探求を通して倫理学を探検していくという方法によって良い道徳的判断を育成することができます。哲学といってもこの領域は大袈裟に考える必要はまったくありませんし，あらゆる学年の多くのカリキュラムと協力し合うことが容易にできるのです。

　第3章は倫理学への読みやすい入門となっています。倫理学に基いた道徳教育へのアプローチがどのような内容のものかを理解するためには，倫理学について広範な知識は必要ではありませんが，この領域の基本的な知識は必要となります。例えば，アリストテレス，カント，ミルといった哲学者の核となる考えをいくつか紹介します。また，同時に，道徳判断の基礎を提供するとされる理論にはどのようなものがあるか，これらの理論に対してなされる正当化にはどのようなものがあるかを議論します。また，ここには「良い」「正しい」といったような言葉の道徳的使用の探求や，道徳性の基礎，道徳的知識の諸起源，道徳的責任の諸条件といったものの吟味も含まれています。

　第4章から第Ⅱ部となり，倫理学を教えるための協働的探求の使用方法を提示しています。このアプローチでは議論が頻繁に使用されます。たいていの教師は，議論を基礎にしたグループワーク，児童生徒の口頭発表には通じていますし，児童生徒にクラス・ディスカッションやディベートをさせることにも通じています。しかし，教師がすべて協働的探求の経験を積んでいるわけではありません。つまり，協働的探求では対話(dialogue)が強調されます。すなわち児童生徒がお互いに質問を交わすこと，お互いの意見を吟味し合うこと，様々な提案や考えの持つ意味を探求し合うことを強調しますが，皆がそのようなことに対する経験を積んでいるわけではないのです。したがって，教室でこのような種類の活動をうまくやるのに必要なガイダンスが示されることになるでしょう。このガイダンスには，教室の準備や刺激になる適切な教材についての基本的なヒントから，児童生徒の質問力，概念説明力，推論力を育成するための方法に至るすべてのものを含んでいます。

　第5章は，倫理学を教えるためのバックグラウンドとなっているものをさらに示し，授業のための練習や活動をどう作っていくかを示します。これらの活動にはペアやグループで行う作業だけでなく，クラス・ディスカッションを活

発にしたり組み立てたりするのに役立つ活動も含まれています。本書のような書物では，明らかに，あらゆる学年にわたるすべての教科領域のための教材が提供できるわけではありません。そのようなことはできそうにありませんし，適切でもありません。私が目指していることは，問うこと，概念を解明すること，推論をすることなど，探求の諸側面を促進するのに役に立つ教材を上手に作れるようにすることです。私は，本書に示された原則や実践に従って議論や活動をすることを通して，同僚と一緒になって，先生方が教えることになる教材の倫理学的な側面を探求したり，ご自分で発見されたものに児童生徒がアクセスできるようにするにはどうすればいいかを，見つけたりしていって欲しいと思います。

　この領域や関連領域で先生方と一緒になって作業をしてきた多くの年月を通して，私は，教室での協働的探求の使用を物にしようと決心した先生はどなたでもがっかりしないであろうと自信を持っています。また，私は，現代の道徳教育に関して，このアプローチが無視できない価値を持っていると確信しています。このような主張が当てはまるということ——道徳教育への倫理学的アプローチが理論的にも実践的にも前進につながる道であるということ——をお示しすることにしましょう。

目　　次

凡　例

日本の読者のために

序

第Ⅰ部

第1章　道徳教育のバックグラウンド　5
　道徳の領域　5
　道徳的経験の始まり　8
　信念や意見の違い　11
　道徳教育と私たちの社会のヴィジョン　12

第2章　道徳的価値〔を身につけるため〕の教育　16
　道徳教育に対する伝統的なアプローチ　16
　道徳教育の社会的価値　21
　「ということ」(that)を教えることと「どのように」(how)を教えること　23
　探求を協働的なものとすること　25
　判断力を身につけるように教育すること　26
　道徳教育とカリキュラム　28
　倫理学を教育目的のために再構成すること　29

第3章　倫理学への手引き　34
　倫理学って何？　34
　規範倫理学の諸理論(Normative ethical theories)　44

メタ倫理学（Metaethics）　　61

第Ⅱ部

第4章　倫理学を教えるためのガイド ………………………………… 75
　　　倫理学的探求の基本パターン　　75
　　　倫理学的探求を協働で行う　　85

第5章　教室での活動と練習問題を組み立てる ……………………… 101
　　　問うこと　　102
　　　概念の探求　　123
　　　推論する（Reasoning）　　134

＊

参考文献　　163

監訳者あとがき　　169

索　　引　　175

子どもと倫理学
―― 考え,議論する道徳のために ――

第 I 部

第1章　道徳教育のバックグラウンド

道徳の領域

　道徳性（morality）とはどういうものでしょうか。私たちは道徳的な称賛と非難になじんでいるので，これは馬鹿げた問いに思われるかもしれません。教師ならなおさらそうでしょう。教師は日頃から児童生徒の行いに注意し，良い行動を褒め，非行を叱責しているからです。もちろん，どんな称賛や非難にも道徳的な性格があるというわけではありません。運動能力を褒められる児童生徒や，字が汚いと叱られる児童生徒は道徳的な評価を受けているわけではありません。しかし，そうは言っても，道徳に無関係な（non-moral）判断がどこで終わり，道徳的な判断がどこで始まるかはそれほど明白なことではありません。このようなことが何よりも示唆していることは，私たちが道徳教育の議論を始める前に，道徳性とはどのような意味なのかを明らかにすることに取り組んだ方がよいということです。

　道徳的判断は，善悪（good and bad）の違い，あるいは正邪（right and wrong）の違いに関係があると言われます。面倒なのは，これらの言葉には道徳に無関係な用法もあるということです。一方で，私たちは良い行いについて語り，ある人が起こした悪影響のことを考えます。正しいことをしようと努め，間違った行いを責めようとします。他方，私たちはよい運動やたちの悪い風邪について語り，数学で正しく解答することや間違った停留所でバスを降りたことにつ

いて語ります。したがって，道徳性は善悪や正邪に関係があると言っても，それで道徳性を十分に定義したことにはなりません。

　ハッキリしている点から始めましょう。天気が悪いと文句を言うことは明らかに道徳的判断ではありません。道徳的な判断は人間にだけ，あるいは少なくとも，いわゆる行為者にだけ用いられます。行為者という言葉が意味するのは，意図を持って行為することができる，故意に何事かをなすことができる，そういう個人あるいは一団のことです。天気は悪くなりますが，それは意図的にそうしているということではありません。天気は故意に何かをなしうる行為者ではないのです。ティエラ・デル・フエゴは天気が悪いのが特徴だとは言えそうですが，その天気に関して何か行為者のように悪い性格を云々することはできません。

　道徳的判断は，行為者の行いの正邪に，あるいは行為者の動機や性格の評価に限られます。しかし，このように言っても，私たちが道徳的判断を扱っているということを保証するのにまだ十分ではありません。例えば，ある企ては，それがよく検討されていないという理由だけでやる気が削がれるということがあります。行いも，無知や当て外れのゆえに道に外れることがあります。ある人のメーキャップにいらつくこともあるでしょうが，それを道徳的な欠陥と見なすわけにはいきません。しかし，私たちは周到に計画された危害行動についてはこれと同じようには理解しないでしょうし，抑制のない利己心や他者の利益に対する軽視が動機となっている行為についても同様です。無感覚，意地の悪さ，卑劣やその類の性格についてもそうです。なぜこれらの行為は前述のものとは同じように理解されないのでしょうか。後者の共通点は，それらが故意の危害に関係があるということ，あるいは行為の帰結を気にかけないことに関係があるということです。つまり，意図的な加害行為に関係があるということです。それは，他者が被るダメージを気にとめないような動機に関係があり，臆面もなく苛酷に痛めつけるやり方に表れる性格に関係があるのです。これらと対照的なのは，苦痛を軽減しようとする取り組みであり，公共の福祉を増したいという動機からの行為であり，そして親切や共感に表れる性格です。このことが示唆するのは，道徳的判断には性格や行いから生じる意図的な利害もしく

は予見される利害が関連するということです。

　その理由は後で明らかにしたいと思いますが，ここまでの考察が道徳の領域に異論のない定義を与えるところまで達しているとは言えません。しかし，ここでの目的にはこれで十分でしょう。私たちは道徳の領域を次のようにまとめることができると思います。すなわち，道徳の領域では，行為者の行いは，意図的な利害，言い換えれば，当然予見されているはずの利害という観点から評価され，様々な動機や性格特性と関連する善悪という観点から評価される，ということです。

道徳性の起源と能力

　道徳の領域に関しては二つの問題が関連していて，これらの二つの問題を解きほぐす必要があります。一つは，道徳性はどこに起源を持つのかという問題であり，もう一つは道徳性がどのような能力によるものなのかという問題です。例えば，道徳性は神から受け継いだものだと考えられることがあるでしょう。あるいは，それは自然進化の産物だとか，社会的な取り決めの歴史に由来するものだと考えられもするでしょう。私たちの能力について言えば，道徳性は何よりも，次のいずれかの能力に依拠すると考えることもできます。すなわち，私たちの推論する力，意志の性質，お互いに対する関心やケアとして表れる自然な同情，私たちの中に刻み込まれた良心などです。

　道徳性の起源についての見解と道徳性が依拠する能力についての主張との間には，単純な対応関係は何一つありません。道徳性の起源が超越的なものであるのか，それとも生物学的なものであるのか，社会的なものであるのか，こういう起源に関する推測は，道徳性が依拠する諸能力の概念と様々に結びつきます。例えば，良心という観念を，神の法を洞察するために特別に創造された能力だと解することもできれば，競合する諸衝動を解決する自然進化のメカニズムと考えることもできれば，幼児期に親によって禁止されたことの内面化だと考えることもできます。また，同情という能力は，自然淘汰をもたらす進化の結果としても理解できますが，神によって与えられた能力，すなわち私たちは神の法に奉仕するように創造されたのだとも理解できますし，同情という能力

は社会的な機能に奉仕するためのものである．言い換えれば，同情を広げたり抑えたりすることは，私たちの行動が確実に社会規範に一致するようにするためである，というようにも理解することができるわけです．

　ここはこのような複雑なことを分析する場所ではありません．それでも，私たちが道徳教育という話題に対する最善のアプローチを考え始めるとき，道徳性の起源の問題や道徳性が依拠する能力の問題は心に留め置くべきことなのです．

道徳的経験の始まり

　幼児は，ニーズや能力がある行為者です．幼児を行為者だと言うことは，その行動がただ外的に操作されたものではないと認めることです．幼児が活動を進めていくのは，本人の能力やニーズによるものです．探求するという行動はここに根ざしているのです．何かを掴み，口に運ぶ能力は，摂食によって肉体的なニーズを満足させるものですが，それだけではありません．それが生来の好奇心と結びつき，身近な事物の初歩的探求のニーズをも満たすのです．幼児が這うことを始め，その後歩き始めると，活動域が広がり，あらゆるものへの好奇心が見られるようになります．幼い子どもたちは環境からの刺激の受動的な受け手なのではなく，クリエイターであり，探検家であり，実験家です．それが，幼い子どもが世界を理解する仕方なのです．

　もちろん，幼児が世界を理解することには，人工物や自然との関わりだけでなく，他の人々との相互行為も含まれます．微笑み，泣き，甘えるのは大人からの刺激への機械的な反応ではなく，見返りのケア行動を引き出す機能を持つ表現です．幼児がケアをしてくれる人に手を伸ばし，ケアする人は幼児を抱き上げることでそれに報います．幼児は手が届かないものを求め，ケアする人はそれを手渡すことで応え，幼児は受け取るときには喜びを表します．こういう毎日の相互行為が，幼児にとっての社会生活への手引きになっているのです．それから間もなくして，幼い子どもたちは自分が欲しいものをすべて手に入れることができるわけではなく，自分がしたいことなら何でもできるわけではな

いのだということを学び始めます。子どもは散らかすことを楽しむことはできますが，結局母親のイライラを経験する羽目になります。兄弟姉妹のおもちゃを奪っては，また取り返される経験をします。幼い子どもはすぐに自分の行為が双方向で起こることを知るようになるのです。

　初期の道徳的経験は，子ども自身の数々の探求行動に由来するのです。私はこのことを強調したいと思います。そう言ったからといって，道徳性が社会的な事象であることを否定するのではありませんし，親や他の人との相互行為のおかげで，子どもの性格や振る舞いが形作られることも否定しません。むしろ，初期の道徳的経験が子ども自身の探求行動に由来するということは，子どもの道徳の学びは典型的には指導教授によるのでなく，子どもの行動と他者の応答の全体に由来するということを再認識させてくれます。また，こうした道徳の学び方は幼児に特有なことではなく，生涯を通して続きます。したがって，私たちが道徳教育について考えるとき，この学び方は考慮すべきことなのです。

　道徳教育は家庭で始まります。就学するまでには，子どもの振る舞いや性格は数年の家庭環境の経験によって形成されています。許されていることもあれば，禁じられていることもあり，褒められる行為もあれば，叱られる行為もあります。家庭において親や他に世話をしてくれる人たちは寛大であるかもしれませんし，厳格であるかもしれません。面倒見がよくないかもしれませんし，面倒見がよいかもしれません。虐待的であるかもしれませんし，温和であるかもしれません。子どもたちはお互いの葛藤を解決する方法や，世の中の人とうまくやっていく方法を見つけなければならなかったはずです。こうした事柄はすでに混じり合っていたのであり，これからも混じり合い続くのです。

　もう一つ銘記すべきなのは，就学前の多くの子どもが起きている間の相当の時間を保育園や幼稚園で過ごしてきているということです。そのような生活はいくつかの点で家庭の延長だと言えますが，他方で，このような生活によって子どもたちは，子どもどうしの輪を広げるとともに，大人ともいくらか異なる関係に入ることになります。計画的な活動の中でも，自由な遊びの中でも，一日中他の子どもたちと交わることで，学校以上に社会勉強に焦点が当たる環境の中で，継続的な道徳的発達の機会が得られるのです。また，子どもの世話を

する保育園や幼稚園のスタッフと子どもとの関係は，学校の教師と児童生徒との関係というよりは，むしろ親子の関係に近いものです。保育所と幼稚園は家庭と学校との間の橋渡しをしていますし，このことは社会化が問題となってくる場合とまったく同様です。

道徳的経験と子どもどうしの集団 (the peer group)

　遊び場を何気なく観察するだけでも，子どもたちが同質の社会集団でないことが分かります。子どもたちは同年齢どうしで関わり，同性グループで集まりがちですが，広範囲の子どもと交わる者もいれば，ほとんどいつも狭い交友関係しか持たない子もいます。少年少女の中には人気者もいれば，社交のそれほどうまくない者もいます。自己主張の強い子もいれば，内気な子もいます。常時喧嘩する子もいれば，衝突を避ける子もいます。

　遊び場の子どもどうしのコミュニティを見れば，学齢期の子どもたちが道徳の領域に直面するとき，大人が直接関わるということはほとんどないし，さらに言えば，そういうことは基本的にはないということが分かります。子どもたちは常に相互行為を通して互いの行いや性格を評価しています。子どもたちは行為の正邪について論じ合い，第三者の動機を擁護し，あるいは批判します。子どもたちは文章に顔文字を加え，自分の意思を示します。互いに名を呼び合うのですが，それが相手の性格を批判するあだ名の場合がしばしばあります。教師による児童生徒の扱いが公平かどうかについて子どもどうしが言い争っているのを目撃した人であれば，子どもどうしの道徳的な論争がどんなに本気のものであるのかが分かるというものです。

　児童生徒が遊び場から教室に移動すると，教師がいることや教育の求めによって子どもどうしのコミュニティは調整されますが，そのときでさえ，そうしたコミュニティの強い影響は残ります。私たちが道徳を教育する方法に関して言えば，この子どもどうしのコミュニティを生産的に使うべきなのです。

信念や意見の違い

「序」で述べましたように，公立学校の道徳教育を宗教ベースで運営することは適切ではありません。そうは言っても，道徳教育は，公立学校の大半を占める児童生徒の道徳的信念や道徳的な態度を彼らの宗教から切り離すことはできないという事実を無視できません。したがって，道徳教育のプログラムを考案するときに，このことを勘定に入れることは必須です。

公立学校の道徳教育プログラムが児童生徒の固く守る信仰の教えと矛盾することがよくないのは明らかです。そしてまた，そういう信仰の教えをまったく考慮しないというわけにもいきません。教育的に聞こえるでしょうが，道徳教育プログラムは児童生徒の信念と理解に対処しなければならないのです。この問題に対処するしようとする一つのやり方は，すべての人が共通の基礎（common ground）と認めることができるものに道徳教育がこだわることです。私が「共通の基礎」と言うとき，それは様々な信仰に共通するものについて語っているのではなく，コミュニティ全体によって道徳的に受容可能だと見なされるものについて語っているのです。

基本的な道徳の原理や教訓に関して一般的な合意を見つけることができるとすれば，それは，私たちがそれらの原理や教訓を批判的に吟味していないからなのです。単純な例を挙げましょう。正直は，コミュニティ全体で認められている価値です（もちろん正直という価値にほとんど注意を払わない人もいますが，それは別のことです）。しかし，それでは，正直という価値は何を意味し，どのようにしてそれは正当化されるのでしょうか。正直とは，例えば，どのような結果になるかに関係なく，私たちは常に真実を言うべきだという意味なのでしょうか。これについてはそう考える人もいますが，そうでない人もいます。ささいな他愛もない嘘にはまったく悪いところはないのでしょうか。もしそうだとすればそれはなぜでしょうか——逆にそうでないのならば，それはなぜでしょうか。共通の基礎にこだわろうとすれば，私たちは立て続けにこのような不一致を指摘することができるでしょう。しかし，確かに，誰の考えが正しいのか

は考えない方がいいでしょう。正直の目的や理由は，実際考えようとしてもできないのです。言えることはこれだけです。すなわち，信じているものは人によって違うということ，また，理由として挙げるものも人によって違うということなのです。

　教師には様々な見方をテーブルに並べる用意がなければなりません。そして，それらについて考えられるようにすべきです。このプロセスによって児童生徒の意見が弱まることは考えられますが，寛容と相互理解の発達に関しては間違いなく一層大きな効果があります。実際，私たちの信念の基礎を吟味することや信念の正当化ができること以上に，それらの信念を補強する手立てはないのです。なるほど，ときには私たちも自分の意見を疑うこともありますが，なぜ時々なのかと言えば，自分の意見を十分に正当化しなくてもそれほど悪いことではない，と考えているからなのです。

　私は，児童生徒の信念や意見の違いを取り除く一つの方法はそれらを吟味することだと言っていますが，だからといって私は，例えば，児童生徒に命題への賛成反対を論じさせるディベートコンテストを唱導しているわけではありません。私たちは，児童生徒の日常生活に重要な場所を占めている仮定や信念を扱っているのです。そうだとすれば，必要とされるのは，議論の競い合いというよりはむしろ，違いを超えて思慮深く関わることなのです。

道徳教育と私たちの社会のヴィジョン

　私たちの道徳教育に対するアプローチは，私たちの社会のヴィジョンから切り離すことができません。このことを理解するために，能力の問題に戻りましょう。道徳教育は理性が訴えることに基づくべきでしょうか，それとも同情を養うことに基づくべきでしょうか，意志の強化に基づくべきでしょうか，あるいはそれらとは別のものに基づくべきでしょうか。道徳性を支える能力の本性は古代からずっと議論の的なのです。プラトンが対話篇『メノン』を次のように始めるのを見てみましょう。

メノン：こういう問題に，あなたは答えられますか，ソクラテス。——人間の徳性というものは，はたしてひとに教えることができるものであるのか。それとも，それは教えられることはできずに，訓練によって身につけられるものであるのか。それともまた，訓練しても学んでも得られるものではなくて，人間に徳が備わるのは，生まれつきの素質，ないし何らかの仕方によるものなのか……。(Plato, 1999, p. 354)[1]

ソクラテスは「わたしは徳について何も知らない，それが教えられるものか，それがどんなものかさえ，何も知らない」と答えます。一方で，ソクラテスの無知の告白は，メノンを徳の本性について考えることに引き入れようとするちょっとした策略になっています。メノンの掲げる三つの可能性には異なる教育的含意があることを記しておきましょう。簡潔にはこうです。もし徳が教えられるのであれば，それはおそらく徳が一つの知識であることを意味し，よく仕込まれた教師が授けることのできるものであることを意味します。もし徳がもっぱら訓練によって生じるのであれば，教師の役割はそのよう指導教授から，児童生徒が徳を形成する活動に関わる機会を作ることに移ります。そしてもし徳が生まれつきのものであれば，徳は自然に姿を表すでしょう。その場合，教師の役目は，道徳的成長が乱用によって歪められたり，怠慢によって妨げられたりしないようにと務めるということだけになります。

　私たちは，プラトンがこの問題についてどんな見解を持つかを発見するために思索を深める必要があります。『メノン』の結論で，プラトンは，取りあえずソクラテスに，徳は教えられず，神の恵みによって生じるとほのめかすようにさせています。しかし，もっとよく考察された見解を見るために，次は『国家』を読むことにしましょう。そこでのプラトンの答えは，社会的に規定された2集団間の違いに基づいています。すなわち，社会の統治者には徳についてのふさわしい知識や理解が欠かせませんが，それ以外のすべての人にとってはただ実際に遵守していればいいということなのです。統治者は真なる道徳的価値を本当に知らなければなりませんが，残りの者たちはそれを信用すればよいのです。

こういう社会的区分は，道徳教育に関して二つの根本的に異なる図式を伴うことになります。普通の人たちが確固とした徳の観念に従うことを保証するためには，人々がそれらの観念を敬い，そういう言葉で物事を受け取り，規律や訓練を通じて次第に行為できる人になるように育て上げられれば十分です。自国への忠誠を誓い，愛国心の実践として国旗に敬礼するように育て上げることは，こうした訓練の一例です。大衆は規律を通して，感情，行為，そして性格が型にはめられて形成されるのに対して，プラトンの統治者階級に限定された道徳教育では「善」(本書の37-40頁を参照) の直接的理解あるいは知識が目指されます。そういう知識は，先の訓練によっては獲得することができないものなのです。また，この知識は，学習すべき材料として教師から伝えることもできません。それは，本物の探求を通じて求められなければなりません。こうして，統治者は自分でそのような事柄の真理を発見できるようになるのです。したがって，統治者の教育は，道徳的な事柄について考えることができるようになるものでなければいけません。単に道徳的な事柄について考えるべき対象を教えられるだけではだめなのです。一言で言い表せば，統治者の道徳教育は哲学的でなければならないのです。

　プラトンは，社会が少数の個人を，自分で道徳的なことについて考えるように教育する必要はあっても，誰もがそうなるように教育するのは何の利益でもないし，おそらくかなり危険ですらあると考えたのですが，このようなプラトンの見方に，人々が固執するのは今もきわめてありふれたことです。しかし，プラトンの『国家』の理想社会をよく分かっているほとんどの人は，今日，その全体主義的なヴィジョンにぞっとするものを感じています。その社会では，エリートが大多数の人々の上に立つ社会秩序を維持するために，知った風な顔で「高貴な嘘」を利用するのです。戦士階級は外部の敵に対しても内部の敵に対しても，エリートが考え出した理想を守り，作家や芸術家に対する厳格な検閲は，作品がそういう理想に沿っていることを確実にするように強いてきます。社会は個人の能力を基にその人の一生の地位を決定し，その地位は固定的です。統治者階級の間で私的所有は廃止され，女性や子どもは共有されます。プラトンによれば，これらはすべてより大なる善のためなのです。

プラトンのユートピア的国家には20世紀の全体主義諸国との偶然の類似以上のものがあります。それによって私たちは，道徳教育と自分たちが作ろうとする社会の間に存在する避けがたい結びつきを思い出すべきなのです。哲人王は下層階級に知恵を分け与えはするものの，哲人王社会の創造は，民主政を支える目的の道徳教育とは別の道徳教育の図式を求めます。もし学校が子どもたちに自由で民主的な社会において生きる準備をさせるべきなら，協働的な倫理学的探求こそ道徳教育の採るべき形式であるということ，これが本書の中心テーマなのです。

　道徳的なことに保守的スタンスで臨む人たちは，ここでは道徳性が社会工学の道具に不快なほどに接近しているように感じるかもしれません。それは気味が悪いほど進歩主義的なもので，現在の道徳性への態度が私たちをどこに導くのか，いつになったら過去の価値に戻る方がいいと思う人が出てくるのか，そういう心配が増すばかりなのでしょう。しかし，社会は，技術的にも，経済的にも，社会的にも，いつも動いていることは否定できません。教育はこうした変化と並行していかなければなりません。私たちは変化に対応しなければならないのです。道徳教育は社会が前進する際の要素であり，その点では科学教育や技術教育と同じなのです。私たちは道徳教育に対して前向きなアプローチを採用する必要があります。

　若い人の間での道徳的な基準の低下を嘆くことは年寄りの愚痴だということを思い出す価値はあるでしょう。若者の行動をけなすのではなく，美化した過去に退却するのではなく，現在の可能性から未来の道徳のヴィジョンを作る方がずっとよいでしょう。それが，社会変化の方向を指示するために利用可能な要素を使う最良の方法を考案するということなのです。

注
1〕『プラトン全集9』藤沢令夫訳，岩波書店，1974年，248頁。

参照文献
Plato, *The collected dialogue*, eds E Hamilton & H Cairns, Princeton University Press, New Jersey, 1999.〔『プラトン全集9』藤沢令夫訳，岩波書店，1974年〕

第 2 章　道徳的価値〔を身につけるため〕の教育

　個人的責任，人間関係，職業上の行動規範，政治的見解，教育政策，これらのものはすべて道徳的価値を含んでいます。これらのものは，私たちの生活や生き方を包み込んでいる社会的な領域の全体を形作っています。要するに，何よりも教育的に重要なのは道徳的価値に注意を向けるということなのです。

　誰でも価値教育の大切さを受け入れてはいますが，道徳の領域における価値〔を身につけるため〕の教育をするときに採用されるアプローチとなると，争いの種なのです。アリストテレスに倣って，「道徳的徳性は習慣の結果として生じる」(『ニコマコス倫理学』第2巻) と言う人もいますし，子どもは自分自身の道徳的世界を友だちとの相互行為を通して作り上げるというスイスの教育心理学者ジャン・ピアジェの意見に同意する人もいるでしょう。そうすると，私たちは児童生徒に道徳的習慣を身につけるようにするべきなのでしょうか，それとも，児童生徒が友だちとの相互行為を通して自分たちの道徳的世界を作り上げることができるような機会を十分に与える必要があるのでしょうか。他にも試みるべきアプローチはあるのでしょうか。私たちはこのような重要な仕事にいったいどう取り組むべきなのでしょうか。

道徳教育に対する伝統的なアプローチ

　道徳教育は伝統的には以下の三つの要素に依存してきました。(1)児童生徒がどのように行動すべきかを説いたり教えたりするという意味での道徳的指導教

授，⑵行動を制御するために褒美や罰を用いること，⑶良いモデルあるいは健全な経験を通して性格を訓練すること。

　これらのアプローチがどれほどなじみのあるものであろうと，どれも必ずしも整合的な方策を立てているわけではありません。道徳的指導教授はイソップの寓話の時代からある古いもので，今でもよく知られており，それは基本的に，道徳は教えることができると想定しています。性格の訓練は，それとは対照的に，道徳的価値は，古い諺にもあるように，教えられるものというよりは「獲得される」ものであるという考えにこだわっています。道徳的価値は，私たちがそれらにさらされることによって身につけるようなものなのです。もしも両親や教師が正直であれば，子どもも正直であるといったようなことです。整合的であろうとなかろうと，褒美と報酬，叱責と罰，良いモデルと健全な経験，これらのものと指導教授とがまさにこのように混ざり合って，道徳教育への伝統的なアプローチの基礎を形作っているのです。

　これらのアプローチの要素を一つ一つ順番に簡単に考察してみましょう。最初は道徳的指導教授です。道徳的指導教授という方法では，指導教授者が理解し，児童生徒が学ぶべき道徳的価値には合意が成立しています。公正と正直という価値が分かりやすい例を提示してくれます。公正と正直は社会的に承認された価値です。教師はおそらく自分たちが取り組んでいる内容を知っていますし，道徳教育における教師の課題は児童生徒にこれらの価値を教える効果的な方法を見つけるということになります。問題は，私たちは若者に，公正であれ，正直であれと教えることによって，若者をそのように育てることができるのか，ということです。公正や正直といったようなものがそれほど疑わしいものでなければ，何かそれらしい状況に直面したとき，道徳的に教育を受けた人であれば誰でも，公正や正直が何を要求しているかを知っていることになるでしょう。事態が甚だしく不公正であったとか，恥ずかしいほど不正直な人がいたということを誰でもが認めることになるケースが存在する一方で，そうでないケースも数多くあるのです。子どもたちだけが，不公正な対応を受けていると不平を言っているわけではありません。「相当の労働に対する相当の賃金」という考えには誰でも同意することができるでしょうが，雇用主が賃金や条件はそれ相

当であると見なしているとしても，被雇用者はひどい扱いを受けていると感じることはごくありふれた現象なのです。労使紛争の各々の当事者は交渉開始時の立場をよくするために，当然このような見解を表明するかもしれません。しかし，これらの見解は自己利害によって曇らされているとはいえ，偽りのない判断を表している可能性もあります。労使紛争がどちらの立場にも属さない調停によって解決されるとしても，調停者自身の間に意見の不一致があるのは普通のことです。このような事態を見れば，公正とは何かということに関するバランスの取れた判断が必ずしも簡単に生じるわけではないということが分かりますし，取引は公正であるべきだという決まり文句に私たちは誰でも賛成することはできても，実際的には私たちはそれほどうまくいっていないのです。

　日常的に「あめとむちを用いたアプローチ」としてよく知られているやり方にも難点があります。報酬と罰は行動を規制するのに効果的な場合もあれば，そうでない場合もあります。しかし，報酬と罰は適切な道徳的動機を与えることはできませんし，実際にはそれを損なう恐れがあります。罰を恐れ，報酬を求めて行為する児童生徒は，道徳的動機に基づいてではなく，むしろ，ずる賢い動機に基づいて活動しているのです。児童生徒は捕まらないと分かっていれば別の行動を取ったかもしれない，ということだけで済むものではありません。道徳的見地からすれば，報酬や罰によって動機づけられている人は，善意に基づいて行為しているのではないし，他の人にどういう結果をもたらすかを気にかけて行為しているのでもないということに，私たちはもっと関心を抱くべきなのです。そういう児童生徒の動機は自己中心的なのです。せいぜい，そのようなアプローチはいわゆる倫理的利己主義を助長するだけなのです。勝手な解釈を許してもらえば，倫理的利己主義は一つの倫理的見解と見なすことはできますが，次章で見るように，それは非常に不十分なものなのです。

　私たちは性格訓練ということにもそれほど信頼を置いてはいけません。人生で遭遇するあらゆる出来事に際して，私たちが何をなすべきかについて疑うべきものは実際には何一つないといった振りをするべきではないでしょう。あるいは，正しいと言える性格を持っていれば，確実に正しいことを行うといったような振りをすべきではないでしょう。慣習的に「良い性格」と呼ばれている

ような性格の人でも，無知に基づく行為，自分自身のパースペクティヴの限界に気がつかない行為，自分の方が正しいと異常に確信している行為，さらには国家の安全とか信仰といったものの名において犯す残虐行為，を免れているわけではありません。紛争の各当事者は，たいてい，自分は性格が公平であり，偽りのない善の擁護者であると見なすのに対し，その敵対者は卑劣と悪の典型であるとするものなのです。歴史を見れば，世間では良い性格の人という評判を受けている人が，どこまでも自分だけが正しいと考えて行為し，どれほど多くの残虐行為を犯してきたかということが分かります。確固とした道徳的基盤に基づくどころか，「（任務遂行のための）不可欠な資質」から作られることを強調する古代の伝統は，異なった伝統を持つ宗教，民族性，肌の色，性別，政治に対する道徳的無感覚——反省的道徳的判断を妨害し，人類の歴史における予防可能な害悪のかなりな部分の責任を負う無感覚——を予防してはこなかったのです。

　私は，私たち自身を公正に扱うことによって，公正といったものの良いモデルを提供すべきである，ということをもちろん否定してはいません。私が言いたいのは，むしろ，それだけでは不十分だということなのです。私たちはまた，公正とは何かを判断するのにふさわしい様々な考察を組み込み，比較考量する能力を強化する必要があるのです。そのためには，児童生徒が，他の人の見解に立って状況を考察し，性急に判断するよりも，いろいろな事実を探求する習慣を身につけ，証拠に基づいて妥当な結論を導き出す力を育成することによって，不当な偏見に立ち向かうことができるようにする必要があるのです。

　私たちが同意している他の価値についても同じことを言うことができるでしょう。正直という価値に戻ってみましょう。言うまでもなく，私たちは，児童生徒が正直であることを望んでいます。もしも私たちが自分たちの交友関係で正直でなければ，子どもたちに正直であることを当然期待できないでしょう。さらにまた，ある子が軽率であれば，私たちは幸福ではありません。子どもは「でもそれは本当だよ」と言うかもしれません。「うん，でもそんな風に言わなくてもよかった」。知っての通り，如才なさもまた一つの徳です。そして私たちは，児童生徒が自分の言うことを加減して，他の人の感情に尊敬を払うこと

ができるようになって欲しいと思っています。大人が誠実と如才なさとの間には緊張があるということに関して良いモデルを示してあげ，子どもたちの行為を大人が承認し矯正してあげることによって，ある程度，子どもたちはその緊張を処理することができます。しかしながら，子どもたちが誠実と如才なさについて考える機会を与えられ，さらには道徳の領域におけるあらゆる種類の争点と問題に対してどのように関わるかを考える機会を与えられれば，得るところはもっと大きいでしょう。嘘をつくことと，自分が考えていることを他の人に不必要に押しつけないこととの間の違いはここでは重要です。同様に，人をだますことともっと親切に言ってあげることを見つけることとの違いは重要です。幼い子どもであっても，このようなことを考えたり，関連した論点や疑問を提出したり議論したりすることは，完全にできます。8歳の子どものクラスで古典的な物語『オオカミ少年』の絵本を読んで議論したときに，子どもたちが出したいくつかの問いをここで紹介しましょう。

▶嘘は不誠実ということかな？
▶嘘はだれかをだますことだと見なせるかな？
▶嘘と手品は同じだと言えるかな？
▶手品使いは嘘つきかな？

幼い子どもがこのような問いを問うことができ，有意義な仕方でこれらの問いを議論することができるということに驚く人がいるかもしれません。しかし，児童生徒に協働的な哲学的探求をするように促してきた教師にしてみれば，何も驚くことではありません。教師は，自分たちの児童生徒が，通常与えられるような評価よりもはるかに深くこのような問いを理解することができるということを知っています。教師はまた，子どもたちが注意深くこれらの問題を考察していくうちに，その行動に影響が出るということを，経験を通して知っています。

教室で行う道徳的探求が持っている価値にさらに足を踏み入れるのでなければ，私たちはきっと道徳教育に対するもっと伝統的なアプローチを完全に信頼

するということに疑問を抱くことになるでしょう。伝統的なアプローチは道徳的探求によって補完される必要があります。このようにして初めて，児童生徒は道徳的領域にある概念に対する本当に深い理解を育むことができ，良き道徳的判断の根底にあるスキルや力を獲得することができるのです。

道徳教育の社会的価値

　道徳教育の伝統的なアプローチへの代替案を構築しようと試みる前に，第1章で見た道徳教育ともっと広い社会のヴィジョンとの関係についてもう少し考えてみることは有益かもしれません。古代社会に戻ってみると，私たちは，ソクラテスが吟味のない人生は生きるに値しないという有名な言葉を残しているということを思い起こすかもしれません。この言葉がどれほど有名であったとしても，それは，いわゆる「善い人生」という概念からはほど遠いものです。社会的地位，収入と支出，余暇を娯楽で満たすこと，電気器具に夢中になること，こういったことに関心を抱くことに私たちはなじんでいます。しかし，私たちは，自分たちの価値について深く考えることにはあまりなじんでいません。このようなことに関心を抱く限り，私たちは「善い人生」を公的な事柄というよりも私的な事柄と見なしがちです。この場合，「善い人生」への考察は社会的で協働的な旅というよりもむしろ個人的で内向きな旅となりますし，個人の価値は両親が子どもを指導教授するという事柄になりますし，成熟に対する一人ひとりの責任という事柄になります。道徳的価値としての責任を個人の領域に押し込めれば，社会の中で自分を反省するということが妨げられることになります。私たちはどう生きるべきかに関して公開討論のようなことがあるかもしれませんが，これは普通というよりもはるかに例外に属します。私たちがマスコミで見つける公開討論のほとんどの例は比較的狭い社会階層に訴えていて，残りの社会階層の人たちを考慮していません。伝統的に価値の管理者を自称している人たちは，私たちがどう生きるべきかに関する回答をすべてすでに所有していると公言しており，こういう人たちに対して大半の人々は無防備なのです。

私たちの社会はそれほど反省的でないという性格を持っています。また，価値は個人的な事柄であるという偏見が広く行き渡っています。こういった性格と偏見は治療を要する慢性疾患なのです。それは教育的処方箋を必要としています。物質的な意味での善以上の善を得ようと努めている社会で若者が人生を享受してもらうようになるためには，学校で道徳教育を強化するということが最善の方法なのです。そのような社会を作るためには私たちは社会のための教育をしなければいけないのです。

　狭い自己利害に訴えるやり方は常に存在しているのですが，児童生徒がこのようなやり方に抵抗することができるようになるには，道徳教育が必要なのです。児童生徒は，有無を言わさない道徳的規範の専制と個人主義的な道徳的相対主義の破綻との間で自分の進むべき道を見つけるために道徳教育を必要としているのです。違いに対して疑念や偏見を持って習慣的に対応するのではなくて，生産的に違いを乗り越えていけるように道徳教育を必要としているのです。政治，法律，ビジネス，産業といったような人間関係においてそれほど敵対的ではない生き方の種をまくために，大規模に，また長期間にわたって，私たちの社会は道徳教育を必要としているのです。利己主義，教条主義，偏見，相互の敵意——こういったもので私たちの社会は満ち満ちており，私たちはそうではないような振りをするべきではないでしょう。することは何もないかのように，お互いに不憫に思うよりは，むしろ，道徳教育による改善に協力することができるのです。

　道徳教育へのすべてのアプローチがここで暗示したような恩恵を受ける可能性があるわけではありません。大まかに言えば，私たちには，ということ(that)を教えることを少なくし，どのように(how)を教えるかということにもっと焦点を当てたアプローチが必要なのです。私たちには，個人学習に信頼を置き，児童生徒が高く評価すべきものを教えるよりも，むしろ，協働や探求を強調するアプローチが必要なのです。私たちは，児童生徒が良い判断スキルを育成できるように教える必要があります。そして，私たちは道徳教育を，単独の科目と見なしたり，学校付きの聖職者や宗教指導教授が配慮することのできるようなものと見なすよりも，むしろ，カリキュラム全体の中に組み込む必要

があります。以上のことは大きな問題であり、異論のある問題なので、もう少し詳細に見てみましょう。

「ということ」(that)を教えることと「どのように」(how)を教えること

　子どもたちは、学校の内外で、物事はこうこうですよと教えられるだけでなく、物事をどのように行うかも常に教えてもらっています。私は子どもの頃、九九を丸暗記しました。2×2＝4とか3×2＝6ということを教えられました。私は自然や歴史やその他様々な事実を教えられました。例えば、鯨は動物であるいうこと、エジプトのピラミッドはパラオのお墓であるということなどです。けれども、それとは対照的に、私は物事をどのように行うかも教えられました。例えば、靴紐をどのように結ぶかということです。靴紐を結ぶには先ず母親が私の靴紐を結ぶのを見て、それから母親の手を借りながら自分で靴紐を結ぶということになります。

　物事をどのように行うかを教えるには、通常ある程度、ということを教える必要があります。幼い子どもに2の掛け算の仕方を教えるには、2×2＝4や3×2＝6という基本的な事実を教える必要があります。それは、靴紐の結び方を教えるためには、最初はこうして次はああして靴紐を結ぶんだよと教えてあげる必要があるのと同じです。けれども、人に物事のやり方を教えるということは、人工的に限られたケースを除けば、事実を記憶させ、手続き通りにやらせることにすぎないと想定することは説得力がありません。例えば、料理の本を使って自分で料理することを学習することはできますが、レシピ通りにしか食事の支度ができない人は料理の仕方を学習したとは言えません。料理ができるということは料理の本にならうことができるということ以上のことなのです。繰り返しますが、誰かに自転車の乗り方を教えるのに何らかの指導教授は有益かもしれませんが、大事なのは、普通、その人に乗るようにさせるということなのです。指導を受けながら実際にやってみるということが大事なのであり、学習者が後でやることになる自転車の乗り方の説明書を発行するということであれば、教授する者の問題となるのです。

私が<u>どのように</u>を教えることの重要性を強調するのは，道徳教育は「自転車の乗り方の説明書」を発行するということに還元できないからです。児童生徒の道徳的判断能力を育成するには，道徳的な事柄に関して力がつくようになるのに効果的だということが分かってきたツールや手続きの使い方を児童生徒に教える必要があるのです——つまり，それは道徳的な事柄の探求によるのです。もちろん，児童生徒は，適切な事実がなければ，力をつけることはできません。もしも，児童生徒がある場合の事実について十分知っていなければ，それに関して適切な道徳的判断をするということは期待できないでしょう。しかし，良い道徳的判断を育成するためには，そのような事実を知るということ以上のことが必要なのです。そのためには，それらの事実を，様々な側面を持つ性格や行為の道徳的価値について推測し，説明し，正当化し，推論するために，用いる必要があるのです。

　もちろん，以上のことは道徳教育だけに適用されるということではありません。それは，カリキュラムを横断して教育に適用されます。児童生徒に科学に取り組むよう教えることは科学的な結果を記憶するようにさせることと同じではありません。科学に取り組む方法を本当には知らなくても，科学的な事実や理論を学習することはできるのです。同じことは芸術にも当てはまります。児童生徒に，他の人が小説について何を言っているかを教えること，あるいは一つの詩を暗記させることと，児童生徒に，自分たちが読んでいるものを批判的に評価する方法を教えること，あるいは暗喩や直喩の効果的な使い方を教えることとはまったく別の事柄なのです。体育のような領域については特に強調する必要もないでしょう。

　道徳の領域にあっても，<u>ということ</u>を教えることによって教えることができるものがあるということを否定はしません。例えば，児童生徒に偉大な道徳的思想家の教えをこのように紹介することはできます。しかし，道徳の領域においては，<u>ということ</u>をどれほど教えても，それは，道徳の領域でどのように考えるかを学習することに代えることはできません。

探求を協働的なものとすること

　私がまだ学校に通っていた頃，教育は'jug and mug[1]'であるという古い考えがまだ色濃く残っていました。簡単に言うと，この考え方は，教育内容に関して教師は知識を持ち，児童生徒は無知であると見なしていました。つまり，教育は教師から学習者への知識の移動という考えです。このような教育方法では教師から児童生徒への一方通行のコミュニケーションしか生まれません。そしてもしも児童生徒が誰かとコミュニケーションを取ろうとすれば，それは教師と一緒ということになるでしょう。他の児童生徒と話すことは良くない行為と見なされる恐れがあります。しかしながら，私たちが・・・ということを教えることからどのように・・・・を教えることに重点を移せば，児童生徒がお互いに交わるということは教育的に望ましいこととなるでしょう。

　なぜこうなるのか，道徳教育の普通の様子を考察することで，検討してみましょう。人間の行為が道徳的探求を刺激する場合，その理由は通常その行為が論争の的になっているからです。つまり，行為をどのように判断するかに関して異なった見解があるということだからなのです。私は一つの意見を出しているのに，あなたは私には正しいとは思えない別の意見を出しているとします。この場合，私たち二人は何かを考えるようになるのです。もしも，私とあなたがある人の行為に関して異なった意見を持っていたとしたら，私たちは二人ともさらに自分の意見を正当化する必要がありますし，二人の見解はお互いの反論にさらされることになります。実際，私たちは何か複雑な道徳的問題を解こうとするとき，それを他の人と議論することは賢明である場合が多いのです。

　このように他の人を当てにするということは，同様に，教室での道徳的探求の目標にも当てはまります。もしも，児童生徒が自分自身の最初の考えに身を任せる習慣から脱して，もっとよい選択肢に目を向け，他の人の見解を考慮するような習慣を身につけて欲しいと私たちが望むなら，児童生徒が道徳的事柄，問題，考えを一緒に探求しながら学ぶようにさせることが一番の方法なのです。児童生徒が自分たちの意見に理由を与え，他の児童生徒にも同じことを期待し，

批判を生産的に利用することに慣れて欲しいと望むなら，児童生徒に友だちと一緒に実践させる機会を多く与えることを無視することはできないでしょう。また，児童生徒が視野が狭くて，自分に反対する人は無知か悪意のある人物に違いないと考えることがないようになって欲しいならば，知的な関与と社会的関与との結合を協働的な道徳的探求の中で見出していくことこそが適切なことでしょう。以上に述べてきたことはすべてこのアプローチを採用するための立派な理由なのです。

判断力を身につけるように教育すること

アメリカの哲学者で教育者でもあったジョン・デューイは，価値に関する判断力を身につけるように教育することの重要性について考える際に，ふさわしい道筋をつけてくれました。

美的に賞賛に値し，知的に受け入れ可能で，道徳的に承認できる事柄に関して教養を積み，効果的に働く的確な判断力ないし良識を形成することは，経験という出来事によって人類に与えられた最高の課題である。(1980, p. 262)

この発言は，価値に関する判断力の育成を究極の教育的課題とし，的確な判断力の開発をとりわけ道徳教育の中心に置いています。デューイが私たちに銘記していることは，道徳教育は，あたかも児童生徒が道徳的価値を探求し，自分たちの判断を行使する方法を学ぶ必要はないかのように，単に児童生徒に児童生徒が高く評価すべきものを教えるという事柄ではありえないということなのです。いずれにせよ，道徳的価値は暗記できるような教科内容を作っていると考えることは知的な誤りです。道徳的価値はそのような類のものではないのです。道徳的価値は関与や行為の中で身につくものであり，言葉で確認される命題のうちにはないのです。もちろん，子どもたちは，子どもたちの生きている社会で共有された道徳的価値を学ぶ必要はあります——そして，文化の多様性を表現している道徳的価値も，時代や場所を異にする地域で生きている人々

の道徳的価値と同じように学ぶ必要があります。しかし，私たちは，こういった内容を伝えるだけで児童生徒が的確な道徳的判断をするよう教育することはできません。

　道徳教育へのこのようなアプローチが協働的な倫理的探求を強調することと結びついているのにはいくつか理由があります。第一に，道徳的価値は，道徳的権威によって外から児童生徒に印象づけられるよりも，児童生徒の反省によって育成されるものであるという考えは，道徳的価値に対して何も疑問を抱かない態度とそれぞれの人が自分自身を道徳的権威とする個人主義との間を前進していく方法を与えてくれるということです。協働的な倫理的探求を通して的確な判断力を育成するということは，真に社会的な知性へと向かう道なのです。第二に，協働的な倫理的探求は様々な見解というものを当てにしています。何かある事柄について議論の余地がなく，皆同じ意見であれば，探求への動機づけはまったく存在しません。探求というものは，不確実で，頭を悩ませ，論争的であるか，何らかの仕方で問題をはらんだものが存在するような状況で生じるものです。このことが一番はっきりと目に見えるようになるのは，児童生徒が教室で道徳的価値に関する事柄について違った意見を持っていると自分たちが発見するときなのです。自分たちの違いを解決しようとする努力によって児童生徒は探求を学ぶことができるようになるのです。第三に，協働的探求はそれ自身一種の道徳的実践なのです。例えば，実践のこのような基本的側面を考えてください——誰か自分が同意できないような意見を述べているとき，その人の話を注意して聞くことができるようになるとか，相手を攻撃するよりもむしろ自分が同意できないということの原因を探求するようになるとか，自分の発言に理由を与えるという習慣を育成するとか，他の人に自分が期待することをしてもらいたいとか，他の人の利害関心を考慮するような習慣を身につけるとか，一般的にはもっと会話力をつけて人の意見を受け入れるようになるとか，といったことです。このような性格習慣は，社会的に成熟した人が持っているものであり，もしも私たちがもっと道徳的に知的な社会を建設するのに貢献しようとするのであれば，手に入れるべき成果の中にきっと入るはずです。

道徳教育とカリキュラム

　協働的な道徳的探求を独立した教科としてカリキュラムの中に組み込むことは可能ですが，それは賢明なことではありません。このようにすると，道徳的関心が，例えば，歴史や理科が道徳とはもう永久に関係ないかのように，他のカリキュラムから切り離されているような印象を与えてしまいます。たとえそうではないとしても，道徳が他の教科と切り離されれば，児童生徒が，自分たちが学んでいる教科の道徳的次元を，何らかの体系的な仕方で取り扱うことは，ほとんど不可能になってしまいます。

　児童生徒は道徳的価値について，その価値に関する疑問が生じてくる様々な文脈で考えることができるようになる必要がありますし，ありとあらゆる努力領域の道徳的次元を取り扱うことができるようになる必要があります。児童生徒は，文学作品の登場人物を評価し，歴史上の行為を考察し，科学上の環境に対する私たちの責任について考え，数学の比例配分とは何かを解決します。しかし，その一方で，私たちは，児童生徒が自分たちの道徳的理解をありとあらゆる教科内容に向けられるような機会を，作らなければいけません。

　児童生徒に的確な道徳的判断の仕方を教えるには，例えば，児童生徒に芸術的な判断やスポーツにおける的確な決断を教えるときのように，特別な訓練は必要ありません。倫理的な判断にはスキルが必要で，それは学ぶ必要があります，また倫理学を教えようとする教師は，その内容と関連したスキルの両方に関してふさわしい知識を持っている必要があります。しかし，私たちはここでは先ず，応用倫理学について話をしましょう。応用倫理学は，生命倫理学とか環境倫理学といったような，何らかの教科内容に関わる倫理的問題を考察する学問です。さらに専門的には，私たちはこれらの問題について，それらが学校で教えられる教科の中で生じてきたときに，話をすることにしましょう。どの教科で応用倫理学を教えるにしても，そのため必要なものはその教科を知っているということと倫理的理論と言語の基本的な知識を持っているということです。これらの事柄は第3章で紹介するつもりですが，皆さんが取りかかるには

この紹介で十分でしょう。

倫理学を教育的目的のために再構成すること

倫理学は哲学の一部門です——そして高等教育あるいは学問好きな11年生12年生にのみふさわしい学科と見なされることがあります。しかしながら，倫理学ほど道徳教育にとって適切なものはないでしょう。倫理学こそ私たちが道徳的領域を探求する際の研究分野なのです。それはちょうど，算数が数に関する領域の探求をする数学の一分野であるようなものです。専門的な倫理学者の仕事は抽象的で専門的になる傾向があり，そのせいで倫理学は高等学校のカリキュラムを除いては導入するには非常に難しいように見えるかもしれません。けれども，同じことは，多くの代表的な学科の研究にも当てはまるのであり，これらの学科も小学校の初学年から標準的なカリキュラムの中に組み込まれているのです。

倫理学は長い間オーストラリア以外の国々でも高等学校での人気のある学習領域でした。そして近年オーストラリアでは哲学が高等学校のカリキュラムに入り込んでくるようになりました。これは歓迎すべき展開ではありますが，学校の最終学年に哲学が入り込めば，社会に対する生徒の考え方や社会的な事柄に対する生徒の関心のあり方に本当に深い影響を及ぼすかどうか期待できません。学校のカリキュラムでは倫理学の場所がかなり制限されているということと，文学の探求が広く実践されているということとを比較すれば，その論点をはっきりさせるのに役立つかもしれません。最終学年の文学概説コースが，文学的な環境の下で成長すれば授けられるであろうような影響を与えてくれるであろうと，期待する人は誰もいないでしょう。幼児の絵本から高等学校の英文学の古典に至るまで，私たちは児童生徒の教育のあらゆるところで，創造的な文学活動に取り組ませるだけでなく，広く文学の勉強に取り組むことを求めています。私たちがそのような包括的な努力をするのは，そのような努力は発育に影響を与えると私たちが考えているからです。私たちの信念では，文学的な環境の下で成長し，その影響の下で自分の考えをスピーチや書くことで表現す

ることができるようになれば，児童生徒はその感性を磨くことができ，さらに人間的な気質を育成することができるのです。ほぼ同じ仕方で，倫理学は発育に影響を与え，そのことによって，人々の考え方と道徳的価値の両方に有意義な影響を与えるのです。ですから，倫理学がすべての学年を通して支払われる通常料金の一部となることは必要なことなのです。このような方法によってのみ，倫理学は性格や行為の根を発育させるための栄養素を効果的に提供できるのです。

　以上のような目的のために倫理学を再構築しようとすれば，倫理学の主題を様々な年齢の児童生徒の関心や経験に合わせる必要があります。そして倫理学のツールや手続きも児童生徒の発達段階に合わせて調節する必要があります。倫理学を教育形態に合わせて練り直すことは難しくありません。それは，ずっと前にそのようにされた他のほとんどの教科と同じなのです。教育的に言えば，倫理学は単に後発だというにすぎないのです[1]。

　このように言った以上，私は，哲学的研究は学術的な才能のある円熟した学者にのみふさわしいというプラトンに遡る見解の存在を指摘するべきでしょう。この見解に対しては，教育学者のジェローム・ブルーナー（Jerome Bruner）が半世紀前に主張したことを思い起こす価値があるでしょう。彼は，「どんな教科の基礎も何らかの形でどんな年齢の人にも教えることができる」という主張で有名です。そして彼は，ある学科は若い児童生徒に教えるには難しすぎるという一般に流布している見解によって，私たちが重要な教育的機会を失うという事態が生まれていると示唆しています（1960, p. 12）。これは，ブルーナーがらせん状のカリキュラムと呼んだ考えです。つまり，基本的な事柄に対する子どもの直観的な理解から始まって，年月を重ねるにつれて，次第に洗練されたもっと抽象的ないし形式的なレベルで，この同じ基本的な概念，テーマ，問題へと戻っていくという考えです。

　教育の他の領域で，このような考え方についてどのように考えようと，この考え方は，倫理学に属しているような理解を育成するためには，疑いもなく決定的に重要です。私たちは公正，友情あるいは自由を研究するときには，同じテーマ，同じ基本的な概念と問題へと何度も立ち戻っていきます。小学校初学

年の絵本で取り上げられているような文学上の公正というテーマは，若い読者のための物語にも再び現れてきますし，青年期の小説の中でもまた取り上げられ，最後には，高等学校のシラバスにある主要小説の中で，はるかに複雑で洗練された仕方で練り上げられるのです。立ち戻っていくたびに，児童生徒はそのテーマに対して経験を積んでいき，その経験を明確に語る力強い方法を身につけていくようになるのです。そして立ち戻っていくたびにますます発展していく機会が与えられるのです。以上のように，教科の基礎についてのブルーナーの主張は，早い段階から倫理学を導入することは，無くてはならない教育の機会の一つであるということを示唆し，小学校の初学年から児童に倫理学を導入する可能性を見逃さないようにという私たちに対する忠告なのです。

道徳教育を宗教指導教授に任せてはいけない理由

　私たちはすでに，道徳教育に対して信仰に基づいたアプローチを公立学校で取ることの問題を詳しく述べましたが，公立学校は実際には宗教指導教授の時間を設けていますし[2]，宗教教育が大多数の児童生徒に対する道徳教育のためのふさわしい場を提供してくれるということを論じることは，妥当であるように思われます。これに対して，宗教指導教授の道徳的次元は，疑いもなく価値があるとしても，それは，普通の学校のカリキュラムに任せた方が一層ふさわしいような責任を負うことはできない，ということを認識することは大切です。この問題を考察してみましょう。

　道徳教育を私たちが学校で行う事柄の中心に置き，道徳教育が若者を教育するために行われる他のすべての努力とつながっていると見なすためには，道徳教育を宗教指導教授に任せるというよりも，それをしっかりとカリキュラムに組み込む必要があります。宗教指導教授は様々な信仰や宗派に属する教師によって行われます。そして，その内容と方法は学校のカリキュラムや教授法と一体化されることはありません。宗教指導教授は，宗教教育以外のカリキュラムの様々な領域で生じる倫理的問題——例えば，環境問題，気候変動の問題，差別や社会的正義の問題——を体系的に探求するという責任を負うことができないのです。宗教教育は道徳性をそのときの状況とは何かかけ離れた仕方で提示

せざるをえないのです。そして，宗教教育者がこのような問題に対して探求を基礎にしたアプローチを採用することは可能かもしれませんが，宗教教育者はそのようにする責務は何もありません。むしろ，多くのものは伝統に由来し，その機会を利用して信仰を教え込む恐れがあるのです。

　公然と宗教を基礎としている学校では，宗教指導教授は提供される教育の不可欠な部分を形成し，したがって，その学校の道徳的価値を伝えるものでしょう。その学校がオープンな議論や批判的理性の伝統（これらはすべての宗教に認めることができます）を尊重する限りでは，その道徳教育カリキュラムは，ここで推奨されたアプローチと両立できるでしょう。結局，哲学と宗教との間には長い絡み合った歴史があるのです。そして私たちは，宗教を基礎とした学校で道徳教育が問題になったとき，宗教と哲学が両立できないと考えるべきではないでしょう。両立不可能性は理性に訴えることと教条主義との間にあるのであって，これはどこでも見ることができるものなのです。

注

1) 協働的な倫理的探求のための小学校高学年用資料の一例としては，私の著書 *Sophia's question: thinking stories for Australian children* (2011) とその指導書 *Teacher resource book* を参照して下さい。
1〕 これは次の文で説明があるように，教師は知識で一杯になったjugで，子どもは空っぽのmugであり，教師は自分の知識を，知識を持っていない子どもに注ぐという考えのこと。
2〕 オーストラリアの学校では週に1度（典型的には30〜40分）宗教教育が行われています。児童生徒はそれぞれの信仰や宗教に応じて外部から来た指導者から宗教教育を受けています。ニュー・サウスウェールズ州では，この宗教教育を受けない児童生徒は倫理学の授業を受ける選択肢があります。これは原著者が数年前に開発した倫理学のパイロットプログラムの結果，導入されたものです。

参照文献

Aristotle, *The Nicomachean ethics*, book II, trans. WD Ross, available at<http://classics.mit.edu/Aristotle/nicomachaean.hml>.〔アリストテレス『ニコマコス倫理学』第2巻，朴一功訳，京都大学学術出版会，2002年〕

Bruner, J 1960, *The process of education*, Harvard University Press, Boston.〔J.

ブルーナー『教育の過程』鈴木祥蔵・佐藤三郎訳,岩波書店,1986年〕
Cam, P 2011, *Sophia's question: thinking stories for Australian children*, Hale & Iremonger, Sydney.
Cam, P 2011, *Sophia's question: Teacher resource book*, Hale & Iremonger, Sydney.
Dewey, J 1980 (1929), *The quest for certainty*, Perigee Books, New York.〔J.デューイ『確実性の探求』〈デューイ＝ミード著作集5〉河村望訳,人間の科学新社,1996年〕
Piaget, J 1999 (1932), *The moral judgement of the child*, Routledge, Abingdon.

第3章　倫理学への手引き

倫理学って何？

　倫理学とは道徳性についての哲学的な学問です。倫理学は私たちの選択の目的に関わるとともに，それらの選択を左右する熟慮にも関わっています。同時に，倫理学は，私たちが目指している人間像にも関わっています。倫理学は，私たちがどのように行為しなければならないかという点に深く関わっていますが，それに比べると，人々が実際にどのように行為しているのか，ということにはそれほど関心がありません。この点からすれば，倫理学は，道徳的責務の基礎や「善」の本質を理解しようと努める学問と言えます。

　人間の行為が目指すふさわしい目的を探求することは，何が善いのかを知ろうと努めることを意味します。それは，ちょうど，どのような種類の熟慮が私たちの行為を左右しているのかを解明しようとすることが，何が行為を正しいものとするのかを考えることになるのと同様です。注意して欲しいのですが，「善い」と「正しい」について語ることは，道徳上の問題を定言的あるいは絶対的な仕方で表現することになる，ということです。言い換えれば，それは，道徳を「白黒」をはっきりさせて取り扱い，その中間を許さない，ということなのです。こうした状況があるからこそ，私たちはまた相対的な道徳的判断も行うということを認めることが重要となります。私たちは，動機や行為の善し悪しには程度の差があるということ，また選択の中には道徳的に一層望ましい

ものがあるということ，さらに，ある人の行為が，善くなったり悪くなったりしたかもしれないということも認めています。私たちは，年齢の低い子どもたちに対しては，「白黒の区別のつく」判断と「白黒のはっきりしない」判断とを比較対照させることによって，絶対的な判断と相対的な判断の違いを教えることができるかもしれません。しかし，道徳上の問題を，疑いもなく絶対的な観点から捉えようとする傾向の強い人もいれば，相対的に考えようとする人もいます。けれども実際には，私たちは皆両方の枠組みを用いているのです。

　道徳的判断を強調すると，倫理学の学習は児童生徒に過度に批判的になる（judgmental）ようにしていると思われるかもしれません。ただし，誤解を避けるために，私たちは過度に批判的であることと健全な判断（judgement）を下すこととを注意して区別する必要があります。過度に批判的であれば，ひどく相手のあら捜しをし，すぐに相手を否認し，どこまでも相手が悪いと主張することになりかねません。それとは対照的に，健全な判断をすれば，洞察力（discernment），見識（perceptiveness），総じて良識（good sense）を示すことになります。ですから，健全な判断をすることと過度に批判的であることはまったく異なる二つの在り方と言えます。その違いは非常に顕著なので，健全な判断の育成は，私たちが過度に批判的になるのを防ぐ助けとなります。

　最初に予防しておくべき二つ目の誤解は，私たちが「道徳的」という言葉を用いるとき，道徳的に是認できる行いに言及していなければならない，という思い込みです。それは，「道徳的」という言葉の一つの用い方にすぎません。その意味に限定すれば，「道徳的」は「不道徳的immoral」の反意語を指すことになります。しかしながら，倫理学が道徳の領域の哲学的な研究であると言うとき，「道徳的」という言葉は「不道徳的（道徳に反する）」というよりはむしろ「非道徳的（non-moral 道徳に無関係な）」と対比する仕方で用いられます。以下では「道徳的」という言葉は一般的にこのような仕方で用いられています。「よい（good）」とか「正しい（right）」という言葉は道徳的にも非道徳的にも使われますが，この二つの使われ方を私たちが区別するとき，私たちは，倫理学に属するような類の初歩的な区別をしていることになります。

　倫理学的な主題を適切に配置するための正しい方法などどこにもありません。

私たちは倫理学を，取りあえず，行為を取り扱うものとして考えていきますが，行為（conduct）よりも性格（character）に取り組んできた人もいますし，道徳的な問題などを取り扱うことよりも道徳的術語の性質を分析することの方に興味を持って取り組んできた人もいます。また，道徳的な行為者となるために要求される能力に注意を払ってきた人もいれば，自然の法則が自由意志の可能性を排除しているように見える世界において，本物の（bona fide）道徳的行為者が存在しうるかどうかに関心を払ってきた人もいます。これだけでなく，いろいろな思想家たちがそれぞれに，善の本質について各々異なる理論を擁護し，行為の指針として種々の原理を発展させ，広く多様な仕方でこれらの諸原理を正当化しようとしてきました。

　以上の点からすると，倫理学は無味乾燥な教科ではないということになります。私たちは最も基本的な道徳の問題でさえも，必ずしも同意を期待すべきではないでしょうし，倫理学がすべての種類の倫理学的問題に対して明確な解答を与えてくれるだろうと期待すべきではないでしょう。これは，真剣に道徳の領域を探求しようと努めて辿り着いた一つの結果なので，私たちはそのことを無視すべきではありません。私たちが道徳上の問題を議論の余地のないものとして示しても，児童生徒には何の役にも立たないでしょう。それどころか，そんなことをすれば，道徳的な教条主義が助長され，道徳的な論争に伴うことが非常によくある問題を延々と作り続け，その場合，各当事者は，自分たちに同意しない人々が間違っているという確信を，頑なに固執することになるのです。対照的に，物事を見る際に異なる概念・原理・方法があるということを理解すれば，道徳的領域において自分なりの対策を見出す端緒となるでしょうし，道徳上の問題について教育を受ける端緒ともなるでしょう。

　すでにご存知のことと思いますが，倫理学は，複雑な歴史を持った広範な学問なのです。ですから，以下では，入門的なもの以上のものは何も期待することができません。さらに学びたいと思う人は，巻末の「参考文献」を参照して下さい。

善 (The Good)

　私たちは，世の中のためになる行為をすること，善い性格を持つこと，善い生活を送ること，こういうことについて語ることがあります。しかし，いったい何が行為や性格あるいは生活を善く(良く)(*good*) するのでしょうか。

　私たちが善について語る場合に，それが何を意味しているのかを明らかにするためには，私たちは目的の善さ (goodness) とそれらの目的に向けられた手段の善さを区別する必要があります。というのも，あるものは他のものにとって善いと言えますが，一方であるものはそれ自身で善いと言えるかもしれないからです。例えば，仕事に一層の責任を持って臨むことは，あなたが出世するために善い方法であるかもしれません。そして，昇進とか昇給のような仕事上のあらゆる善いものはそこからもたらされるとも言えるでしょうし，こういった善いものはすべて，あなたに一層大きな満足感や，総じて幸福と言われるものを与えてくれることでしょう。出世するために懸命に働くことが，必ずしも幸福への唯一の道ではありませんが，それは多くの人に満足をもたらしてくれる一つの方法です。それは手段として善い〔つまり何かの役に立つ〕と言えるのです。それとは対照的に，幸福そのものは，さらなる何かのための手段ではないように思われます。幸福は何の役に立つのだろうと尋ねることは奇妙なことでしょう。責任を担うことあるいは昇進することと違って，幸福は何か他のものを手に入れるために善い〔役に立つ〕のではありません。幸福はそれ自体が目的(目的それ自体)なのです。あるいは一般にそのように考えられてきました。それ自体が目的であるとは，それが内在的にあるいは本質的に何か善いものであるということなのです。

　幸福は，手に入れるべき目的として提唱されてきた唯一のものではありません。他にも内在的に善いと見なされてきたものがあります。それには，快，徳，知識，美，友情そして義務の遵守が挙げられます。道徳哲学者には，すべてのそうしたものの中でも，まさに一つの究極の目的があると考えた人もいます。一例を挙げれば，ソクラテスが，幸福は最高善であると考えており，彼が徳であると認めたものでも，それが幸福に寄与する場合に限って善い，という立場を取ったということはほぼ言えるでしょう。他方で哲学者の中には，目的は複

数あると主張した人もいます。そういう哲学者は，他のすべてのものが究極的にはその手段となったり，そこに還元されるようなものは何一つないと考えました。そうした見解は，善いものはそれぞれ異なる仕方において善い，ということを認め，また，多様な選択があるにもかかわらず，それぞれの選択が自らを独立に，しかも内在的に善いと主張すれば，追求すべき目的をめぐってのっぴきならない対立が生じる恐れがあるという可能性を容認します。

　幸福については本当に異なった見方が存在していたにもかかわらず，幸福は，最高善の主な候補と見なされてきました。幸福は快と類似した一つの感情であると考えられることがよくあります。確かに，イギリスの哲学者で社会改革者でもあるジェレミー・ベンサムは幸福をこのように理解していました。彼の善の説明によれば，善は幸福と同等と見なされます（ベンサム 2007）。ベンサムにとっては，詰まるところ，快を最大にし，苦しみを最小にするということが問題となります。アリストテレスもまた幸福を，私たちがそれ自体において望む唯一のものと考えましたが，ベンサムとは対照的に，アリストテレスは，幸福を人間の精華であると解釈し，私たちの徳は幸福へと向かって理性に従って発展していくものとされました。彼の解釈によれば，幸福は，単に「よく感じる」というよりはむしろ「よく行う」という事柄なのです。

　このような異なった見解を裁定しようとすることが私の狙いではありませんが，現代アメリカの哲学者ロバート・ノージック（Robert Nozick）によって出された次の思考実験を考察することは一考の価値があるように思われます。ノージックは，神経科学の進歩によって「経験機械」が作られるようになったことを想像してみるよう求めています。彼の言う「経験機械」とは，それへの接続に同意するどんな人にも，快に満ちた生活を経験するという疑似現実を与えてくれる機械を意味します。もし，快が唯一の善であるとしたら，私たちはその機械につながれる必要があるという主張はまったく理に適っている，とノージックは示唆します（1974, pp. 42-45）。もちろん，私たちは現実と接触してはいないでしょうし，自らに快をもたらすと思えることを，実際にはしていないことになるでしょう。どうです，あなたは永久に経験機械につながれたいと思いますか。ノージックは，あなたがそう思わない方に賭けています。

すべての哲学者が，幸福の達成のように，決まった目的によって善を特定できるという考えに満足しているわけではありません。ジョン・デューイ(1957)は，あらゆる生活環境にいるすべての人々にとって善いと言えるようなものは何一つない，と主張しました。また，良いディナーそのものが存在しないのと同様に良い人生そのものというものも存在しないと主張しました。どんな食事にしても，調理の好みや食事に必要なもの，時間の制約や季節によって，それぞれの良いディナーとなるでしょう。同様に，道徳的に善いものであっても文脈が異なればそうではなくなるかもしれません。つまり，いく人かの人にとって本当に善いとされることも，すべての人にとって善いとは限らないのです。デューイによれば，善は，環境に依存するものであり，それゆえ，環境を探求することによって発見する必要のあるものなのです。

　固定した理想や目的を拒絶する傾向のある人は，道徳的な生活を，究極的で最終的な達成としての「善」を追求するプロセスのうちに見出すというよりも，「より善い」や「より悪い」といった継続的なプロセスと見なす傾向があります。ここで再び，デューイの言葉を紹介しましょう。

　　最終目標としての完成ではなく，仕上げていく(perfecting)，成熟していく(maturing)，洗練されていく(refining)といった恒常的で永続的なプロセスが，生きる上での目的なのです。誠実(honesty)，勤勉(industry)，節制(temperance)，正義(justice)……は，もしそれらが達成すべき固定した目的を表したものであるとすれば，ここで想定される善ではありません。それらは，経験の質における変化の方向なのです。成長していく変化そのものが，唯一の道徳的な「目的」なのです(p.177)。

　誠実などの諸徳と道徳的な改善・退歩との関係と並んで，「より善い」や「より悪い」という見方は，両者のどちらかを選択すべきかという二者択一の問題に関係しています。たいていの場合，人々はより善いものよりも，より悪いものを選びがちです——もちろん，故意ではなく，無知や誤解あるいは見通しの欠如のせいですが。道徳上の選択が道路の分岐のように分かれている限り，

私たちは善き判断が必要であることを——また，そうした判断を育成するために教育が必要であることを——思い知らされます。

　哲学者たちは，道徳を論ずる際に，善をどこに位置づけるべきかをめぐって意見を異にしてきました。ある哲学者は，善を第一のものに位置づけ，それから，善を促進するという観点から正しい行為を特徴づけました。例えば，善が，人間の幸福を最大にすることと見なされるならば，行うべき正しい行為は，そうした善の目的を促進するための行為となります。このような説明は，先述したベンサムの見解に見られます。別の哲学者の説明は，道徳上の原理を行為の帰結より先に置き，その原理へ私たちの意志を従属させることが善であると見なします。その場合，正しい行為はそれらの原理に従うこととなります。例えば，仮に，約束を守ることが不可侵の原理であるとするならば，何があっても，それを守ることは正しいことになるでしょう。18世紀に生きたドイツの哲学者イマヌエル・カントは約束をこのような文脈で論じ，私たちは約束を守るという絶対的な道徳義務を有すると主張しました。さらに，別の哲学者の説明では，行為に注目するというよりも，道徳的に称賛に値する性格特性に焦点が合わされます。ここでは，善は，そうした性格特性に由来するものと見なされます。アリストテレスはこのアプローチを採用します。後に私たちは，ここで挙げた三つの説明をすべて，もっと厳密に検討することになりますが，ここではさしあたり，正しい行為という話題に目を向けてみましょう。

正しい行為（Right action）

　道徳上の意思決定に関する適切な原理について，基本的には二つの学派が存在します。その中の一つの学派によれば，行為は，その結果が，快であれ幸福であれ善を促進する限りにおいて道徳的に正当化されます。今一つの学派によれば，行為は，その結果よりも，道徳の規則や原理あるいは義務を考慮することによって正当化されるとされます。前者との違いは，約束を守るために絶対的な義務を私たちが負うとするカントの主張に立ち戻れば容易に理解されます。この立場によれば，約束を守ることは常に正しいということになります。もちろん，約束を守ることは，ときとして望ましくない結果をもたらし，しかもそ

うした結果は容易に予見可能なものであるかもしれません。そして，もし，私たちが行為をその結果によって判断する場合，私たちはそのように善くないことが予想される状況では約束を守ることを正当化できないかもしれません。実際，約束を破ることが正しい場合もあるように思えます。晩に友人と一緒に過ごすことを約束したとします。しかし，その日の遅くに，山のような仕事があなたに降りかかってきて，それをすぐに片づけてしまわなければならなくなるとします。この場合，ある意味で，仕事を片づけなければ，ただでは済まないことになるでしょう。もしも約束は常に守らなければならないとすれば，あなたは友人と出かけるべきでしょう。逆に，もしその結果を考慮するならば，あなたはおそらく自分の仕事に取り組み，友人が理解してくれることを信じるべきでしょう。いずれにせよ，道徳的な意思決定への二つのアプローチは対照的な結果をもたらすことでしょう。

　行為がその結果によって正当化されると主張することは，私たちが，将来を見通すだけでなく，多くの場合，私たちに開かれている様々な選択肢の中から一つの選択肢を選び取ることで起こりうる結果も精査すべきであるという責任を負うことでもあります。このことはやっかいな要求であるかもしれません。私たちが評価のための基準に快を置いたとしてみましょう。この場合，私たちは，別の行動を取るよりもこの行動を取る方がどれだけ多くの快が生じることになるかということを，少なくとも，合理的に評価できる必要があるでしょう。もちろん，どんな快も価値が等しいというわけではないので，私たちはそのことを考慮に入れなければならないでしょう。私たちのアプローチが首尾一貫したものとなるためには，与えられた快の価値を計る際，どの快を追求することが一層長続きする結果をもたらしてくれるかを算出することが要求されるでしょう。詳細は別として，道徳的な意思決定へのこのアプローチは，短期的にも長期的にも，私たちの行為がどういう結果をもたらすかという知識に大きく依存していることは明らかです。そのような知識の獲得や応用を奨励するという点で，道徳判断に対するこのアプローチは，経験的で討議的であると特徴づけることができます。

　私は，このアプローチと，道徳的決定を原理の問題として扱うアプローチと

が対照的である，と言って話を切り出しました。しかし，行為の結果に関心を向ける人々でも原理を定式化することができます。「快苦を差し引いて快を最大とするように常に行為せよ」は，行為の結果を私たちに留意させる一つの道徳原理となります。以上のことを踏まえると，これとは対立する見方を取る人は，行為のよりどころとなる道徳原理を行為の結果に基づけるつもりはない，と言う方がもっと正確であるかもしれません。そういう人は別の方法で道徳原理を正当化しようとしているのです。

　他に，道徳原理はどのように正当化されるのでしょうか？　そうですね，道徳原理は，ある権威に由来するものと解釈されるかもしれません。この場合，伝統的には，神聖な権威に訴えるということがなされてきました。そのような訴えをする人々は，もし神が私たちに様々な仕方で行為するのを（あるいは行為を自制するのを）命じるならば，私たちは疑いなく従うべきである，と言うでしょう。ここでは，正しい行為は神の意志や命令と一致した行為となります。このことは道徳の神命説（the Divine Command Theory）として知られています。以下で述べられる他の正当化と同様に，私はそのような見解のメリットについて長々と論じるつもりはありません。それに対する古典的な反論は，敢えて言えば，プラトンにまで遡ります。こう尋ねてみましょう。ある行為は，神がそうした仕方で振る舞うよう私たちに命じるから正しいのでしょうか，それともそれが正しいから神が私たちにそうすべきだと命じるのでしょうか。もし，ある行為はそれを神が命じたから正しいとすれば，神が私たちにどのようなことをするように命じたとしても，神がそれを命じたという理由だけでそのことは正しいことになるでしょう。仮に，神が私たちに殺人を犯すように命じたとしたら，それもまた正しいことになります（神は決して私たちにそのようなことを命じることはないと言う人がいるかもしれません。おそらくその通りでしょうが，そうした見解はここでは関係がありません。ここで問題となるのは，その人が殺人を犯しても，その行為は正しいことになるということだけなのです）。もちろん，もう一つのケースとして，それが正しいという理由から，そうすることを神が命じるとする見方があります。このケースは，反論の余地がないように見えますが，正しい行為の基準が神の命令に左右されない，ということを意味します。神命説とは対

照的に，ここでは神の命令それ自体は正しい行為の基準に準拠することになります。

　道徳の原理は自明であり，さらにどのような正当化も必要としない，と考えられるときがあります。この立場の最も一般的な説明では，精神の錯乱していない人あるいは背徳的でない人であれば誰でも，直観的に善と悪を区別することができる，ということになります。そのような見方は，初めは理に適っているように見えるかもしれませんが，それに対しては反証があります。プラトンとアリストテレスは，背徳的でも，精神が錯乱してもいませんでした。二人とも，道徳生活に深い関心を抱いていたし，道徳生活に対する私たちの理解に関してもその貢献は大きいものです。しかし，二人とも奴隷制を何ら問題のないものと見なしていました。古代アテナイ社会は民主主義発祥の地としてしばしば賞賛されますが，それは奴隷労働の上に成り立っていました。このことは習慣となって受け入れられた生活の事実であったので，古代ギリシャの哲学者たちでさえ異論を唱えることはありませんでした。道徳の原理が自明なものであったとしたら，自らの道徳的指針を失わなかった人であれば誰でも，直観的に正しいことと悪いことを区別できるはずですが，プラトンやアリストテレスは，奴隷制が悪であるという事実にどうして衝撃を受けることがなかったのでしょうか。もっと身近な家庭生活の例を挙げてみましょう。妊娠中絶は何年か前そうであったほど過熱した社会問題ではありませんが，私たちの社会では，それが悪いことであると信じている人々がまだ多く存在しています。道徳の原理は自明であるという現在の見解では，もしも妊娠中絶が悪であれば，妊娠中絶が悪であるという事実は自明です。しかし，その問題の善し悪しがどのようなものであろうと，妊娠中絶の賛成論を最初に世に問うた人々は，すべての人がそれを悪いものであると直接理解しているようなものを前にして異議を唱えていた，とは到底思えません。このように，道徳原理の直観的明証性に訴える主張が厳しい吟味に耐えられないということを示す例は，枚挙にいとまがありません。

　直観的に自明であるとする主張が支持できないとしても，道徳に関するその主要な主張は道理に適ったものと言えるかもしれません。すなわち，そうした

主張が，人の助けを借りない直観には自明であるということを私たちが立証できないとしても，理性の明晰な光に照らして観るならば，自明なものとなる，ということは示すことができるかもしれないからです。カントはこうした考え方を持つ人物として最も有名です。そして私たちは，先に取り上げた「約束を守る」事例に立ち返ることによって，彼が何としても言わざるをえなかったことを理解できるようになるかもしれません。私たちは，自らの約束を守るべきであるということを，理性に訴えることによって示すことができるでしょうか。約束を破ることが私たちに都合がいい，というケースを仮定してみましょう。そのようなケースは，原理的に，受け入れ可能でしょうか。さて，私たちはあくまでも自己弁明しようとすれば，他の人も自分の都合で約束を破ってもいいと認めざるをえないのです。ということはさらに，人が約束を守ってくれるということを私たちは決して当てにすることができないということを意味するでしょう。何かをしてあげると約束すると言うかもしれませんが，結局は，自分に都合がいい場合に限ってそうすると言っているにすぎないことになります。言い換えれば，約束を破ってもいいという提案は，首尾一貫して実行に移すことはできないということなのです。カントは，私たちにとって重要な道徳的教訓のすべてが，同じように理性に訴えることによって確立することができると主張しました。これについては後にさらに詳述することにしましょう。

規範倫理学の諸理論 (Normative ethical theories)

さて次に，上で確認された道徳的判断のための三つのアプローチについて，さらに詳しく調べてみましょう。一つは，行為を判断するために，行為の結果に着目するもの，二つ目は，行為の結果とは独立に，行為の正しさを決定するために規則や原理をよりどころとするもの，三つ目は，行為よりもむしろ性格を道徳的関心の第一の目的であると考えるものです。これら三つの方法は，規範倫理学の理論と言われることがあります。というのは，それらは行為を律したり性格を評価したりする道徳の基準や規範を論ずるからです。

目的論的理論 (Teleological theories)

　行為を正当化するものを目的と見なす道徳理論は, 目的論的と称されます[1]。この理論の本質をさらに深く理解するために, ジェレミー・ベンサムに立ち返ってみましょう。ベンサムは, 功利主義として知られる著名な近代的目的論的理論を提唱した人物です。

　先に見たように, ベンサムによれば, 究極的には, 人々が努力すべき唯一の善は, 快の経験と苦の回避にあるとされます。ただし, このままではこの主張は曖昧です。この主張は, 人々が善を, 自らの快と同一視するということを意味するのでしょうか, それとも他者の快も等しく考慮するということを含意するのでしょうか。自分以外の者に起こる結果をまったく考慮せずに, 自らの快を常に求めようとする人は, そうではない人とは明らかに区別されるでしょう。常に自分の快を求めることは, 倫理的利己主義者の目標と言えます。だからといって, 倫理的利己主義者が必然的に利己的でエゴイスティックであるということにはなりません。倫理的利己主義者は, すべての人が自分の満足を最大化しようとするはずであるという確信を持っています。それは, 心理学的立場というよりは, むしろ道徳理論なのです——心理学的立場であれば, 正当化というようなことは問題になりません。言うまでもなく, 倫理的利己主義者は, すべての人が同様に振る舞うべきだと主張する一方で, 自分自身の快を最大化しようと努めれば, 困難に直面します。他の人が利己主義者の指針に従うとしたら, その場合には, 利己主義者の快を損なうことになりかねないからです。同様に, 他の人の利益になることは, 場合によっては——確かにいつでもというわけではありませんが——利己主義者の利益になることもあります。このことは, 倫理的利己主義者の助言は他の人に対して首尾一貫した形では与えることができない, ということを物語っています。他の人も自らの快を最大化すべきであるという主張が利己主義者の快の喪失に至る可能性がある場合には, 利己主義者は, 人は常に自分の快を最大化するように努めるべきであるとする道徳上の公式見解に従って, 首尾一貫した行動を取ることはありません。

　倫理的利己主義をどのように考えるにせよ, それは, 常に包括的に, 快を最大化し苦を最小化するよう私たちに要求するベンサム流の道徳姿勢と区別する

必要があります。利己主義とは異なって、ベンサムの立場は自己犠牲を要求するかもしれないからです。私たちは、全体として最善の結果を生み出すために自己自身の満足を抑える必要があるかもしれません。私たちの中にはそのような方針に従うのが難しい人がいるかもしれませんが、その方針についてはどんな自己矛盾もありません。しかしながら、少なくとも、いろいろな立場を公平に調和しようとする際、ベンサムが功利性と呼ぶものを最大化しようとすると、その過程で別の問題が発生しそうです。一例を挙げると、私たちは、快の総計(あるいは快と苦の釣り合い)を見積もる必要がありますが、確実にそうすることは、不可能ではないにしても、困難ではあるでしょう。例えば、私たちの行為は不慮の結果を招く可能性があります。しかも、私たちがあらゆる快を数量化しその総計を計算するためには、あらゆる快を単一の尺度で見積もることができなければいけませんが、これは決して明瞭なことではありません。これらの問題とは別に、周囲の圧迫よって、その方針が要求する快の見積書を手に入れる時間的猶予さえほとんどないまま、迅速な対応が求められるという可能性もあるでしょう。

　少なくとも、このような困難さの一部は、手引きのためのいくつかの規則を作成することによって解決されるかもしれません。こうすれは、個々の行為に対して徒労とも言える作業をする必要はないでしょう。このことは、行為功利主義と規則功利主義と呼ばれるものの相違を示しています。規則功利主義者は、どう行為すべきかを、その都度一から——行為するたびごとに——導き出す必要はなく、それに代わって、功利を最大にすることが証明された規則に信を置くのです。こうすると、規則功利主義者は、自らの約束を守るという規則に従うべきと考えるカントに同意するかもしれません。ただし、こう考えるのは、(カントのように) 単純に理性に訴えることによって私たちは常に約束を守らなければならないということを証明できるからではありません。また、この立場が規則に従うべきと考えるのは、ありとあらゆる場合において、快を最大化し、苦を最小化するだろうという理由からでもありません——そのようなことは明らかにありえません。むしろ、私たちがその規則に従うことによって、全体的に見ても長い目で見ても、結局、功利を最大にできるだろう、と考えるからな

のです。あるいは、規則功利主義者は、道徳規則を、例外なく適用されるものとしてよりも、むしろ、「親指の規則 rules of thumb〔経験を通して多くの人が支持する経験則のこと〕」として処理しているのかもしれません。すなわち、規則功利主義者は、通常規則に従うことによって結果を最大限に高めることができると主張するのですが、その一方で、規則に従えば、明らかに害悪の可能性が勝る場合には、その規則を無効にします。

　ベンサムの後継者であるジョン・スチュアート・ミルは、快に段階をつけて、快の間の違いを裁定しようとする問題をしっかりと視野に入れていました。そのミルは、「満足した豚であるよりも不満足な人間である方がよい。満足した愚者であるよりも不満足なソクラテスである方がよい」と語ったことで広く知られています。彼は続けてこう述べています。「そして、もし、愚者あるいは豚が異なった意見を持っているとしたら、それは両方が問題について自分たちの都合のいい側面しか知らないからである。この比較の相手方（人間、ソクラテス）は両方の側面を知っているのである」(2008, p. 140)。言い換えれば、ある種の快が他のものよりも価値がある場合、両方に通じた人は、どちらが「より高い」快で、どちらが「より低い」快であるか——ミルはこのような言い方をしています——を判断するのに何の苦労もないのです。残念ながら、このようにしても、結果を最大化するためにさまざまな種類の快を計算に入れるという功利主義の問題は解決されません。というのは、快を位階づけることと快を数量化することとは別の問題だからです。また、テーマパークとコンサートホールで味わうような異なったタイプの喜びが、共通硬貨に換算できるということも自明なことではありません。

　それ以上に功利主義への破壊的な批判と考えられるものは、恐ろしく不公平な結果を許すかのような事実に起因します。ベンサムは、最大多数の最大幸福を促進するよう常に行為することを道徳原理として採用しました。その原理は、公の政策はいつもすべての人の福祉を考慮すべきであり、恵まれない人々や貧しい人々をないがしろにしたまま少数者に特権を与えてはいけない、という考えの表明に際して打ち出されたものでした。それにもかかわらず、快が苦痛に勝るという全体的なバランスの観点に立ち、功利主義の原理が最善の結果を促

進するものであるならば，この原理は，ある人物や集団に苦痛を引き起こすことに対して，どんな予防措置も提供しないように思えます。こうした事例として，罪のない人の生け贄あるいは拷問を挙げることができます。別の面では，専制的な強奪，逮捕あるいは投獄，そして，私たちが通例，不正と見なしている多くのものを含むことになります。功利主義の立場に立てば，そのようなことは，さらに大きな善に貢献する限り正しいものと考えられます。おそらく，これらの望ましくない可能性は，他の方法で阻止することができるでしょう。例えば，私たちはそれらを規制する法律を制定することができます。にもかかわらず，それらを違法として対処することでは，功利主義者に対してほとんど何の役にも立ちません。ほとんどすべての人はこれらの事例を不道徳と見なすでしょうし，それらが最大幸福原理によって道徳領域で無視されるということは，私たちにとってまったく理解できません。

　結局のところ，人々が快を望んでいるというだけでは十分ではないのです。功利主義者は，私たちの望む快が望ましいものであるということを示す必要があります。いずれにせよ，望まれるもの (the desired) と望ましいもの (the desirable) との間，求められるもの (the wanted) と求めるにふさわしいもの (the worthwhile) との間には相違が存在するのです。そして，後者のみが道徳的に善いと認められるのです。この問題へのミルの回答は，人々が何かを望むという事実が，それが望ましいということを示すために役に立ち，必要とされる唯一の証拠であるということを主張しているにすぎません。「ある対象が目に見える (visible) ということに対して与えうる唯一の証明は，人々がそれを実際に見ているということである」と，ミルは述べています。そして，同様に，「何かが望ましいものであるということを示すことができる唯一の証拠は，人々がまさにそれを実際に望んでいるということにつきる」(p. 168)，とも語っています。これは間違いなく絶望的な救済措置です。実際のところ道徳的には誰も善いとは認めないありとあらゆるものを，人々は望みうるし，それらに快を感じることができます。私たちは，快の根拠やそこからもたらされる結果を無視して可能な限り多くの快を経験しようとするよりも，むしろ，自らの快と楽しみの価値を検討することが必要です。たとえ私たちがそのような快を求めるこ

とがあったとしても，その欠点は治療を迫られていると言えます。しなければならないことは，明らかに，私たちが手に入れようとする快の源と結果とを探求することなのです。私たちがそこに快を感じるものの中には，付加的な利益を与えてくれるものもありますが，無益なものもあります——無害な場合もあるでしょうし，そうでない場合もあるでしょう。その快が本当に道徳的価値を持っているかどうかは，その都度，さらに評価検討を重ねて初めて知ることができるのです。

　快を額面通りに受け取ることができないという事実は，物事が，全体の最大幸福を与えると考えられた規則に単純に従うということ以上に，複雑であるということを示しています。むしろ，私たちは快を審理中の価値と見なす必要があります。私たちは，あれかこれか，いずれかの快を重んじることができるかもしれませんが，はたしてそうすべきなのでしょうか。快の価値は，多くがその原因と結果に依存しています。もしも，快がノージックの経験機械につながれた結果（あるいは，実生活に例を取るならば，精神状態を変化させる物質を常習的に体に入れることの結果）であれば，それは私たちの努力によってもたらされた成果とは異なる価値を持つでしょう。さらに，もしも，私たちが何かに喜びを覚えて，もっとやってみたいと感じたら，それはおそらく間違いなく，実を結ばない一過性の楽しみよりも多くの価値を有することになるでしょう。つまり，私たちの快の原因と結果は検討を要する重要な課題であり，その快に付与された価値はそうした検討に応じて調整されることになるのです。

　快は，吟味する必要のないあらゆる正しい行為の目的というより，むしろ，証拠によって保証されるものであるという考えは，・プ・ラ・グ・マ・テ・ィ・ズ・ムとして知られる哲学的な態度へと導きます。プラグマティストは，ある特定の場合に快（あるいはその他の価値）を求める際，その原因と結果は，快の評価基準を提供すると考えます。この立場は，ある意味，功利主義の後継者と言えます。そうした後継者を，私たちは哲学者ジョン・デューイのうちに見て取ることができます。彼は，善きものというのは固定された目的ではないと語り，また，各々のケースはそれに伴う特有の状況を吟味することによって決定されるべきであると述べます。すなわち，ある行動方針の方が別の行動方針よりもよいと言える

のは，関係者の経験の質や道徳的成長のためになる結果を，それぞれの行動方針がどれだけ生み出すかを比較することによってなされる，と彼は言うのです。

　もちろん，以上に述べてきたことから，私たちのなすべきことはその結果に目を向けることによって決定しなければならないということには決してなりません。他にどのような方法があるかを理解するために，義務論的な道徳理論へと目を向けて見ましょう。

義務論的理論（Deontological theories）

　義務論的理論は，道徳的に正しい行為は，快や幸福のような結果として生じるであろう非道徳的な善によって決定されるということを否定します。むしろ，義務論的なモデルでは，独立して定められた道徳律や原理あるいは義務が，いかに振る舞うべきかを私たちに教えてくれるとされます。すでに見たように，神命説は，ある行為が正しいのは，その行為が神の意思に従っているからである，と語ります。私たちはこのように振る舞うことで恩恵にあずかるとしても，私たちの行為は私たちが手にする報酬によって正当化することはできません。同様に，私たちの直観に従って行為することが私たちの道徳的義務であるという立場を取る人々は，ある行為が正しいかどうかについて，私たちがその結果を精査することなしに，直接に語ることができると主張します。このような説明は義務論的（deontological）と言えます。[2]

　目的論的理論と同じように，ここでも行為義務論者と規則義務論者の二つの立場が存在します。私たちの道徳的直観が指令するものを私たちに行わせようとする人々は，行為義務論者と言えます。特定の状況に直面したとき，行為義務論者の信念によると，私たちは，提起された行動の方向が正しいのか間違っているのかを知るためには，そのようなケースについて自らの直観に相談すれば十分なのです。これは，黄金律や十戒のような道徳律に従うこととは異なります。そのような規則に言及することで正邪を判断する人は，規則義務論者と言えます。

　私たちは，正しい行為に関する議論において，道徳的直観への暗黙の信頼を批判しましたが，ここではひとまずそのことをわきに置いて考えてみましょう。

私たちの目的のためにはカントに戻れば十分でしょう。カントは，おそらく最も有名な，規則に基づいた義務論を私たちに提供してくれます (1964)。善についてのカントの解釈から話を始めてみましょう。もし，私たちが，最善あるいは至高の善とは何かを自問するとすれば，カントなら次のように答えるでしょう。そのような善は，ある環境では善く別の環境では善くないというように，単にたまたま善いようなものであるはずがありません。ですから，善は私たちの知的能力のうちに見出すことはできません。というのは，知的能力は善い目的にも悪い目的にも使用される恐れがあり，私たちの意思決定に依存しているからです。善はまた私たちの気質や性格のうちにも見出すことはできません。忠実さ (loyalty) や勇気のような性質のものでさえ，ある原因の下では，言葉に表せないひどい行為を支持することがあるのです。同様のことが世俗的な権力や富に当てはまるということは論を待ちません。幸福でさえ，無条件に善いとは言えません。幸福もふさわしくないものであったり，別の面では好ましくないものから引き出されたりすることもあります。あらゆる状況において唯一善いものとは，カントによれば，善意志であるとされます。善意志は不道徳な目的に向かうことはありえず，常に善であり続けます。善意志とは，無条件の善さです。言い換えれば，善意志が善いのは，それが何かを達成したからではないのです。何を達成するかは，しばしば私たちのコントロールを超えた状況に依存するからです。善意志はそれ自身において善いものなのです。

　では，善意志から行為するということは何を意味するのでしょうか。カントによれば，それは道徳法則への尊敬から行為することなのです——このことは，個人的な習慣や特定社会の因習を通して道徳法則に従うことでもなければ，何らかの利益を獲得したいと望んでそうすることでもありません。善意志から行為することがそのような仕方で振る舞うことになるのは，それが義務と見なされるからなのです。しかし，もし，最高善とは道徳法則を尊敬することをあなたの義務だと考えるということであれば，私たちは，道徳法則が何を命ずるのかを知る必要があります。カントはこれについて複数の仕方で詳細に説明していますが，簡潔に表現するため，私たちは彼によって最初に定式化されたものだけを考察していくことにします。それは，「(汝の) 格律について，それが普

遍的法則となることを同時に欲しうるような，そういう格律に従ってのみ行為せよ」(1964, p. 88) というものです。格律 (maxim) という言葉は，カントの場合，私たちがそうすべきか否かを，それに従って行動しようとする行為の (主観的) 規則を意味します。私たちが善意志を持ってそういう格律に従うことができるかどうかを決定するためには，すべての人にそういう仕方で振る舞って欲しいかどうかについて，私たちはただ自問しさえすればいいのです。カントはこう語ります。

　私の意志が道徳的に善くあるために，私が何をしなければならないかを知るためには，非常に包括的な聡明さを持つ必要は私にはまったくありません。世界の情勢を見るには経験を積んでいないとしても，またその中で起こるどのような出来事にも準備ができているわけではないとしても，私は自分にこう尋ねるだけでいいのです，「お前はまた，自分の格律が普遍的法則となるように欲することができるか」と。(p.71)

　カントの提案がどのように機能しているのかを理解するために，例を一つ，二つ取り上げてみましょう。お金に困っている人がいるとします。その人は借金をすることができますが，それを返済することができません。たとえそのような状況であったとしても，お金に困っているなら，返済について嘘の約束をしてお金を借りてもよい，という格律に従って，その人が行為することは想像できます。ここで，この格律がカントの原理に反していることを検証してみましょう。その人は，すべての人がこの格律に従って行為をしてもよいと欲することができるでしょうか。そうです，すべての人が先ほどの人のような提案に基づいて行為しているとなると，お金を必要とする人にお金を貸す人はいないでしょう。誰でも返済の約束が見せかけであることを十分承知しているからです。それゆえ，カントは，そのような格律は首尾一貫して採用できない，と結論づけます。それは自滅的な格律なのです。なるほど，私たちは，こうした嘘の約束を普遍化できるとしたら，融資を得るという便益を失うことになるかもしれませんが，このようなことはカントの論点ではないということを押さえて

おくことが重要です。むしろ，カントは，そうした実践はそれを進めていけば途中で自滅することになるから，普遍化できない，と述べているのです。このようなことから，その格律は彼の道徳法則と合致して実践することができないという結論が下されます。それに反して，私たちは，もちろん，人々は借りているお金を返済するためにできる限りのことをして約束を守るべきであるということが普遍的格律となるように欲することはできます。

では，次に第二の例を挙げてみましょう。カントは，苦境にあってもがき苦しんでいる他者に対して，容易に救済できるにもかかわらず支援を申し出るに及ばないと感じている裕福な人について考察しています。裕福な人の格律は，もがき苦しむ人々の苦境を和らげるために自分が何かをする必要はない，というものです。この例では，すべての人がこの格律を受け入れることができるだろうと思うことに何ら矛盾はありません。このことは望ましいことではありませんが，ありうることだからです。しかし，裕福な人は首尾一貫してそうあることを欲することができるでしょうか。カントは，そうすることはできないと論じています。なぜなら，裕福な人は，自分が困った状況に陥ったときでも他者からどのような援助も受け取るべきではないと欲せざるをえなくなるからです。したがって，裕福な人は自らの格律を普遍化することができないし，善意志をもって自分の格律に従って行為することができません。私たちは可能であるならば，困窮している人々を助けるべきである，という反対の格律に従うことはそれほど困難なことではないでしょう。このことは，私たちの道徳的義務がどこにあるのかを明らかにしてくれます。

カントは，私たちが皆遵守しなければならない道徳命令を，理性的な個人であれば誰でも，容易に見出すことができると考えます。カントのこのような見方は，論争や意見の不一致が道徳の領域のどこにでもあるという事実を私たちが踏まえるとき，単純素朴な発想に思えるかもしれません。それでも，カントは，そのような論議の不一致を解決する手段を私たちに提供できたものと，自ら考えています。そこで，私たちは彼の説明の成り行きをさらに見ていく必要があります。

結局のところ，彼の説明もそれなりの問題をはらんでいることが分かります。

第3章 倫理学への手引き 53

一例を挙げると，私たちが知っている様々なカント的義務の間に葛藤が起こるということです。上で挙げた二つの事例を取り上げて見ていきましょう。借金を返済するという約束を守れば，困っている人を助けられない，という状況が生じる可能性があります。このことは，私たちの義務が，カントが捉えるような絶対的なものではない，ということを示唆しています。もちろん，私たちはそのようなケース全体をカバーするために，私たちの格律に但し書きを書き込むことができますが，その試みには実際の危険が伴います。私たちには，格律が，特別な状況においてのみ当てはまるというような制限された規則に行き着くように見えます。実質的に私たちは行為義務論へと逆戻りせざるをえないことが分かります。

　今挙げた例についてカントが言っていることは正しいかどうか迷う人もいるかもしれません。それでは，裕福な人のケースを取り上げてみましょう。自足している人や，貧困に陥る危険が現実的にはまったくない人の中には，その人の方針を受け入れるすべての人に起こるかもしれないリスクというものを受け入れないということがひょっとしてあるのではないでしょうか。その人がそのリスクを受け入れないとしても，そこにはどんな矛盾もないように見えます。この場合，その人は一貫して自分の格律がすべての人によって採用されるのを欲することができるのです。この種のたった一つの不都合でもって，カントの事例が全面的に否定されることはないかもしれませんが，カントが想定した以上に遂行するのが難しいことは明らかです。

　最後に，（カント自身の考え方に従えば）自分がいつ援助をしてもらうことになるか分からないという心配から，困っている人を助けるという方針を取ることはまったくありうることです。けれどもそれが他者を助けるための動機であるとすれば，その行為は自らの道徳的義務を自覚してなされたというよりも，むしろ利己的なものであるでしょう。言い換えれば，善意志からというよりも，むしろ純粋に自己利害から，他者を助けるという方針を取ることがありえますし，他者が同じようにしてくれることを望むこともありえるでしょう。ですから，私たちはすべての人に対して私たちの方針を採用することを欲しなければならない，というカントの要求は，私たちの方針が道徳的に受け入れられる必

要条件であるかもしれませんが、唯一、信頼できるものであるというようにはならないように思われます。

カントの説明に対していくつかの異議を提出しましたが、それらの異議は、彼の要求が私たちを正しい道のもと連れて行ってくれるという主張を排除しませんし、倫理学への義務論的なアプローチが間違えているということを証明するものでもありません。しかしながら、これらの異議によって明らかになったのは、ある行為が正しいかどうかを知ることは、他者は同じようにするはずであると私たちが首尾一貫して欲することができるかどうかに関するカントの問いに答えることほど、単純でないということです。

徳倫理学 (Virtue ethics)

ここまで、私たちは、行為を導き評価するために、結果や規則に目を向ける倫理学的アプローチについて考察してきました。しかし、日々の生活において、私たちは、人の振る舞いを判断するように、その人の性格を賞賛したり非難したりすることがあります。私たちは、ある人の行為を褒めたり非難したりするときでさえ、その人がどのようなタイプの人か――誠実な人か偽りのある人か、信頼できる人かいいかげんな人か、性格のよい人かつむじまがりかなど――をよく考えて、そのようにすることがよくあります。正直や信頼性のような特徴は個人の徳性です。そして、いわゆる徳倫理学は、道徳的評価が主に行為の結果か規則の遵守に関係していると見なすよりも、むしろ、個人の徳性を重要視します。

このような見方は、ギリシア・ローマなどの古代において優勢を占めており、近代の初めまで強烈な影響を西洋の道徳哲学に及ぼしてきました。しかし、近代になると、それは、主として、カントの道徳論やその後に現れた功利主義によって、順次取って代わられました。しかしながら、徳倫理学への関心は、近年、再浮上し、それ自体として一つの研究領域になると同時に、このことによって、道徳論への他の二つのアプローチが行為だけでなく性格にも注意を向けるようになりました。

アリストテレスが様々な徳を最初に分類して以来、徳は幸福と関係づけられ

ました。それは，幸福が健康や充足感と等しいものと解されたからです。だからといって，幸福は快のような感情として考えられているわけではありません。私たちは，私たちを幸福にしてくれるものに快を感じるかもしれません。しかし，私たちは幸福と快を同一視することはできません。というのは，私たちが何に快を感じるかによって，快は人生を豊かにしてくれることもあれば，そうでないこともあるからです。むしろ快は，両親が，自分の子どもに人生において幸せになって欲しいと思うときに望む条件と考えた方がいいでしょう。私たちが今考察している見方によれば，このような人生は，徳を育むことによって達成されます。アリストテレスは『ニコマコス倫理学』でこう述べています，「幸福は完全なる徳に合致した魂の活動である」(第1巻)。

　アリストテレスは倫理学へのこうしたアプローチに最も大きな影響力を与えてきたので，このアプローチをもっとよく理解するために，アリストテレスの議論の進め方についてさらにもう少し踏み込んで見ていきましょう。徳は育むべきものであるという考えは，徳が純粋な自然の能力ではなく，少なくとも部分的には教育や訓練によって育まれるものであるということを含意しています。実際，アリストテレスは，徳を，ある仕方で振る舞うようにしつけられることによって確立され始める習慣だと考えています。小さな勇気ある行為を積み重ねることによって私たちは勇敢な者となります——こうして，後に，より大きな難題に自らがさらされるときに，勇敢であるための能力が陶冶されるのです。日々，公平な (fair) 活動に携わることによって，私たちは公正 (just) であることを学びます。他者の意見を考慮するよう育てられることによって，私たちは思いやりを持つことを学びます。

　その際，習慣を，衝動と混同しないことが重要です。もし，ある行為が純粋に衝動的なものであるならば，それは有徳なものではありえません。善き道徳習慣は識別力 (discernment) を必要とします。勇気を必要とする行為をよく考えてみて下さい。経験豊かな登山家は，初心者にとってはほんの少しばかり勇敢に見える行為がいかに無謀であるかについて，いやというほど気づいています。綱渡り的な行為は，それを行う者が本来持つべき技術や判断力を欠くとき，道徳的には自殺行為と映るでしょう。このようなケースでもって勇気を検討す

ることは，道徳的な事例の考察と思えないかもしれませんが，それは，まさに，徳と判断との関係に目を向けているのです。実際問題として，道徳的な選択は，起こりうる様々な行為や応答について判断することを私たちに要求し，徳は，善く選択することのうちにあるのです。

　アリストテレスによれば，ここで要求される，ある種の識別力は，バランスの取れた応答へと導くものとされます。私たちは，そのことが示す意味を，勇気について彼が述べることを検討することで理解することができます。彼の理解では，勇気は，無謀さを一方とし臆病を他方とするその中間にあります。つまり，勇気とは，それら二つのものの「中庸 (Golden Mean)」を意味します。もし，あるものが非常に恐ろしいものだと私たちが知っているにもかかわらず，見下すような態度で対応する人がいれば，私たちはその人の態度を蛮勇と見なします。対照的に，もし，何かが比較的無害であるにもかかわらず，それが非常に恐ろしいものであるかのよう振る舞う人がいれば，私たちはその人の態度を臆病と見なすでしょう。簡潔に言えば，過度におびえている人が臆病な仕方で振る舞い，適度に恐がる気持ちを欠いた人が無謀に振る舞うわけです。どちらの場合にも，判断力が十分でなければ，偏った不均衡な対応をすることになるのです。

　アリストテレスは，彼の考えるすべての道徳的徳——自制・金銭問題・名誉・気質といったものであれ，社交といったものであれ——について同じようなことを述べています。節度があるということは，禁欲にも放縦にも偏らないことを意味します。金銭については，守銭奴でも浪費家でもないことが徳となります。自分の行為に適切な誇りを持てば，知らず知らずに，うぬぼれにも遠慮しがちな態度にも陥ることを防いでくれます。気立ての優しい人は怒りっぽくもなく，極端に従順でもありません。友好的であることは，率直さに向かう傾向を持ち，甘言にも無礼な行為にも陥ることを防いでくれます。また，機知に富むことは，おどけたお調子者になることでも，ユーモアを解さないことでもありません。すべてのそうしたケースにおいて，私たちは，徳を，その領域の両極端にある一対の悪徳の間の均衡点に立つもののように思い描くことができるかもしれません。

批評家たちは，徳は必ずしもこのような仕方では捉えることができない，と不満を述べてきました。イギリスの哲学者バートランド・ラッセルはこうした見解を取る一人です。

> 徳のなかにはこの図式に当てはまらないように見えるものがある。例えば，誠実がそれである。アリストテレスは，誠実が，ほらふきと見せかけの謙虚さとの間の「中」とするが，これは自分自身についての誠実にしか当てはまらない。私は，誠実という徳が，どれほど広義に解しても，この図式にどのようにして適合するか理解できない。かつてアリストテレスの学説を採用した市長がいた。退職時に，彼は次のようなスピーチをした。私は，一方では党派性，他方では非党派性の間の狭い道の中道を進もうと努力してきた。誠実を「中」とする見解は，市長のスピーチとほとんど同じくらいに馬鹿げているように見える。(1961, p. 186)

正直であることは，確かに個人における徳の一つであり，単に様々な徳が現れるような仕方でそうだというのではありません。そして，ラッセルによる市長の話から類推して，正直が，完璧に誠実であることと完全な嘘つきであることの中間にあると言おうものなら，確かに馬鹿げたことです。しかし，おそらく，私たちはアリストテレスの考えを拡張することができるでしょう。たぶん，正直であるということは，もっと一般的に言えば，何かを誇張することでもなく，軽んずることでもないでしょう。正直な人というのは，その何かをあるがままに伝える人のことなのです。

アリストテレスの図式が徳の全般にわたってたとえ正しく機能したとしても，そこには別の問題が生じます。徳のうちでおそらく最も重要なものに話をしぼってみましょう。アリストテレスは，上流階級のアテナイ人たちが信じて疑わない徳の領域を示しています。そのような自明な背景のためか，彼は自分が作った徳に関するリストを正当化していません。このことは，もし，同じ心性がいつでもどこでも徳と見なされるとすれば，それほど問題ではないでしょう。しかし，単純にそうだとは言えません。アリストテレス自身が道徳的徳の頂点

と見なす高潔な人は，現代的な感覚からすれば，うぬぼれの強い人を見下す貴族のような人に見えます。アリストテレスにはよく知られている，さらに極端な例，つまりホメロスに描かれた英雄時代についての道徳的な物の見方を挙げて考えてみましょう。もちろん，これは文学ですが，古代ギリシャの人々の心に響く描写でもあります。そのコントラストは，ウィル・デュラント（Will Durant）によってうまく要約されています。

> 善き人とは，寛大，寛容，忠実，謹厳，勤勉，正直な人ではない。善き人とは，単純に勇敢で上手に戦うことのできる人のことである。悪しき人とは，大酒飲み，嘘つき，人殺し，裏切り者なのではない。悪しき人とは，臆病者，愚か者，いくじのない人のことなのである。(1939, p. 50)

アリストテレスのように，性格の重要性を強調する人たちは，その時代に受け入れられた徳に従順に従う傾向があります。このような人たちは，それらの徳を与えられたままに受け入れて，異議をはさむことなく，それらの価値に対するどんな疑念も退けます。それにもかかわらず，古代の上流階級のアテナイ人の徳を無条件に受容するよう要求することは——あるいは，ついでに言えば，現代の中流階級のオーストラリア人の徳に関しても同様に——支持することはできません。それは，存在する事実から，為すべきことを不当に推論することなのです。もし，何かが善いあるいは正しいと私たちが考えるならば，それは，私以外の誰が考えようと，あるいは考えたことであろうと，善いあるいは正しいという意味を含んでいます。もちろん，私たちは，自分たちの価値が絶対的であるとは言えないし，疑いなく正しいとも言い切れないにもかかわらず，それでも自分たちの価値は私たちにとって正しい，と常に言うことはできます。しかし，このことは文化相対主義という形態を容認しているのだということに注意を払う必要があります。

ここまでアリストテレスの倫理学を概観してきましたが，私は，彼が認めた倫理と政治の間にある緊密な関係について何も触れてきませんでしたし，道徳的徳と対峙するものとしての知性的徳について彼が述べていることも紹介して

きませんでした。最終的には，アリストテレスは，人間にとって最も優れた生き方は，精神的な生活であると述べています。なぜなら精神的な生活によって，私たちの持っている典型的な理性能力が十全に行使されるからなのです。しかしその場合，他に何を哲学者に期待することになるのでしょうか。

＊　＊　＊

　以上見てきましたように，道徳理論は，伝統的に三つの形態を取っていました。目的論的理論は，善をある目的と見なすことから始め，それから，正しい行為をその目的に向けられたものと見なします。義務論的理論は，正しい行為を，行為の結果に関わりなく，道徳的義務，原理，法を通じて確立しようとします。徳論は，善をある個人における特質と定義することから始め，正しい行為をそのような特質を持った人が振る舞う行為の仕方に基づいて捉えます。

　これまで述べられてきたわずかなことからでさえはっきりと分かるのは，それぞれのアプローチには長所もあれば短所もあるということです。極端なケースを考えることで，それらのアプローチの弱点は容易に見て取れます。例えば，私たちは誰でも，他の人の快の方が大きいからといって，罪のない人を故意に拷問にかけるよう命ずる人を非難するでしょう。テロリストの殺人行為や破壊活動が神の決定によって道徳的に支持されるとして，それらの行動を正当化するのは，狂信者だけでしょう。ある社会が長い年月にわたって個人のうちにある特質を非常に高く評価してきたとしても，そのような特質が，それを持った個人が残虐な行為に関わることを防いだ，とする例証を私たちは持っていません。実際には，まさに，このような優れた特質を持った人こそ，人々を大量殺戮へと導いたということが頻繁に起こったのです。それにもかかわらず，どのアプローチもはっきりとした強みを活用しています。私たちの誰もが，行為の結果に無関心ではなく，幸福が一つの善いものであると考えています。私たちの相互の主張を調整することに規則の意義があるということを否定する人はほとんどいないでしょう。また，私たちはある個人的資質を非常に高く評価し，別の個人的資質を軽蔑しているということも否定できないでしょう。行為の結果，規則，性格といったものはすべて，まったく正当に，道徳的な判断をする際に重要な要素なのです。しかも，これらのものは，対立をもたらすことがあ

ります。例えば，ある人の行為は，道義に基づいたものではありますが，その行為の結果を考慮していないために衝撃的に見えることがあります——あるいはそれとは逆に，ある人の行為は，その結果が歓迎される一方で，その動機に道義心を見て取ることができない場合があります。いかなる図式も批判の対象とならないものはないし，それぞれが特有の価値を持つという事実を踏まえるならば，道徳的な意思決定がしばしば非常に悩ましい問題であるということは，それほど驚くべきことではないでしょう。同様に，どれほど無自覚に道徳的意思決定をしようとも，それをする基準を理解するということ，また，信頼を置くアプローチの長所や隠れた危険をいく分でも理解するということ，このようなことしか，その状況を改善することはできないでしょう。

メタ倫理学 (Metaethics)

　私たちは規範倫理学の理論を探求してきました。それらの理論は行為を規制する道徳的規範を取り扱うか性格を評価しています。それとは対照的に，メタ倫理学は，規範倫理学のどのアプローチにおいても見出される前提やコミットメントを吟味します。すなわち，メタ倫理学は，道徳性の基盤や道徳的知識の主張そして道徳言語の意味といったものを扱います。そのうち道徳言語について，私たちは，すでに本章の冒頭あたりで，「善い」とか「正しい」という言葉に目を向けましたし，また幸福の概念にも触れました。もし，紙幅が許すならば，私たちは，道徳の領域における重要な役割を演じる他の観念——理性，動機，正当化，弁明——の意味を探求することができるでしょう。しかしながら，残りの紙面において，私たちは次の三つの問いを簡単に吟味するだけにしましょう。

1. 何が，道徳性の究極の起源や道徳の権威主張の基盤となるでしょうか。
2. もし仮に，何が善く何が正しいかを，私たちが実際に知っていると主張できるとするなら，どのようにして私たちは道徳的な知識を手に入れるのでしょうか。
3. どのような条件の下で，人々は自分が行うことに対して道徳的な責任を

負うことができるでしょうか。

道徳性の基盤 (The basis of morality)

　もし，私たちが道徳基準の起源と権威について自問するとしたら，伝統的な考え方は，それは神の下にあるというものです。しかし，私たちには，この考えは維持できないと考えるだけの理由があります。42頁で見たように，神がそれを命じたからという理由だけで，その命じたものが何でも正しいというのは問題があります——例えば，殺人もまた神がそれを命じた場合，正しいことになるからです。それが正しいという理由からその行為を神が命ずる，というのは，より妥当であるように思えます。しかしながら，私たちが一旦こう言えば，道徳基準の究極的な起源について，もはや答えを持たないことになります。

　明らかにそれとは別の立場は，道徳基準のための権威を超自然的なものから世俗的なものへと移し，道徳基準が，社会によって確立された因習であり，その制裁も社会から生じるのであって，それ以上のものではないと主張します。このことによって，道徳性の起源の神秘性ははぎ取られ，その起源は神学ではなく，歴史学や社会学の問題となります。それでも，この見解にも依然として問題が存在します。道徳性は既成の社会的規範という権威以上のものに訴えるものがないと主張すれば，道徳論争は規範や因習に関する勢力争いにすぎないということになります。そのことは，一部の人にとって，もっともらしく思われるかもしれません。例えば，同性愛の関係が，広くオーストラリア社会で不道徳と見なされていたのはほんの一世代前のことにすぎません〔ソドミー法によって同性愛は自然に反するものと解されていました〕。一方，最近ではそうした見解は少数派となっています。また，凝り固まった社会的習慣に対する長い闘いの結果として，そうした変化が起こったということは妥当だと思われます。それでもやはり，それが差別に対する闘い——別言すれば，社会に浸透している道徳基準が間違っているという主張に基づく闘い——であったと気づくことは重要なことです。もし，社会に浸透している道徳的な行動規範 (moral code) が道徳的な権威の究極的な起源であったとしたら，そのような主張は成り立たないでしょう。

闘いを挑む人々は，公平さに関わる別の社会的な行動規範に訴えただけだと異議を唱えられるかもしれません——つまり，このような社会的な行動規範を自分たちのケースに適用することを強く要求していた，というわけです。しかしながら，道徳性の基盤が社会的な因習にすぎないという見解の問題点は，結局は，次の言葉につくされます。すなわち，ある与えられた道徳的な行動規範が，その社会においてしっかりと定着しているとしても，私たちは常にそれが正しいかどうかについて問うことは理に適っているように見えるということです。もし，現行の道徳的な行動規範が，何が正しいかを決める最終的な権威であるとしたら，このような問いが生じることはないでしょう。

道徳性の基盤は社会規範や因習のうちにしか存在しないという見解に対して，私たちがまさに直面した問題は，同様に，アリストテレスやベンサムの見解のようなそれぞれ異なった見解が持っている問題でもあるように見えます。ある社会（私たちの社会も含みます）によって高く評価される性格特性が本当に有徳であるかどうかを問うことは，常に意味があります。また，ベンサムは善と快を同等に見なしていますが，私たちは快が明白に善いと言えるかどうか問うことができます。このことは，善を，快として，あるいは，特有の性格特性のゆえに有徳なものとして，または，定着した社会的な因習の観点から正しいものとして，定義することができるのは，取り決めによる以外にはないということを示しています（約定的定義）。人々が，快を望み，ある個人的な特質を評価し，ある因習を守っているという事実は，そうしたものが明らかに善いもので，有徳であり，あるいは正しいものである，と結論を下す十分な理由とはなりえません。

この考え方は，18世紀のスコットランドの哲学者デイヴィッド・ヒュームへと直接に遡ります。彼はこう述べています。道徳性について書いている著者は，事実そうであるものとそうでないものから，そうあるべきものとそうあるべきでないものへと推論するのを常とするが，しかし，このように，「ある」から「べき」へと推論することはまったく論理的に筋が通っていない，と。道徳性は，「知性が発見できるどのような事実の事柄のうちにも存在しない」と彼は述べています。むしろ，それは，私たちの感情の表現であるとされます。ヒュ

ームはこう述べます。「したがって，何らかの行為や性格が悪徳であると言明するとき，その言明の意味は，自らの本性の構造に根ざしてそのことを熟考した結果として，非難の感情あるいは心情を持つということにすぎないのである」(1896, p. 244)と。このことは，当然悪徳と呼ぶべき故意の殺人のような行為においてさえ，いかなる事実も存在しないということを意味します。殺人は嫌悪すべきものであると言う場合，それは単に，殺人に対する強い反感を表現しているにすぎないのです。

件の事実そのものだけでは何を為すべきかを決定するには十分ではないと言うことと，道徳性が，物事に対してたまたま感じる私たちの感情に依存していると言うこととはまったく別のことです。道徳基準の起源は感情にすぎないのかもしれませんし，また，人々は，知らず知らずのうちに，自分自身の感情の口実として，神の権威や社会の禁令のようなものを用いているのかもしれません。それにもかかわらず，私たちは，ある種の行為や個人的な特質について特別な感情を持つかもしれませんが，そうした感情が，道徳的に正当化されるかどうかを問うことは常に論理的に筋の通ったことであることは，明らかであるように思えます。ヒュームの言い分から判断すると，私たちは，事実に訴えかけることによって，このようなことはできません。けれども，もしそのような事物に関する私たちの感情が実際正当化されるとすれば，きっと，私たちが感じるあり方を正当化する何かがあるに違いありません。それがどのようなものであったとしても，それは道徳性の究極の基盤となるでしょう。

道徳的知識（Moral knowledge）

道徳性の基盤についての見解が異なれば，道徳的知識と私たちがそこに至る方法に関する主張も多様なものとなります。宗教に基づいて道徳生活を送る人々は，道徳的知識が神の啓示を通してもたらされる，と言うでしょう。道徳的知識は，聖典に見出されるか，神から直接に啓示されるか，あるいは司祭によって伝えられることになります。例えば，もし，私たちが聖書を啓示された神の言葉が編まれた書と捉えるならば，それは道徳的知識の疑いえない起源と見なされます。もちろん，もし，そのような書が，霊感を受けた人が書いたも

のであると解釈されるならば，こうした結論を導き出すことはできません。というのは，その人は，私たちがいかに行為すべきかについて，自分の理解を私たちに示したにすぎないからです。その場合でさえ，祈りに行為の起源を求めるように，道徳的な知識が持つ別の形の宗教的起源を排除していません。しかしながら，道徳的知識に対する宗教的アプローチがおしなべて持つ一つの共通点は，信仰への依存であると言えます。道徳的知識への宗教的アプローチが信仰と固く結びついているとするならば，道徳的知識を提供するという宗教の主張は，そのような信仰を正当化することが求められます。すなわち，道徳的知識に対する宗教の主張は，そもそも，知識に対する信仰の主張ほど強くなりえないのです。これは，宗教哲学における中心的な問題なのです。

　一方，功利主義者やプラグマティストは，道徳的知識を経験的なものと見なします。功利主義者によれば，行為の結果を調べることだけが私たちに道徳的知識を与えてくれるものであるとされます。ベンサムの考えによれば，私たちが正しい行為をしたということを知るのは，その行為の結果によって苦に対する最大限の快が確保されたということを示すことができる場合なのです。同じく，ジョン・デューイのプラグマティックな説明によれば，私たちがどのように行為すべきかについて何らかの仮説を立てる場合，その仮説は，私たちが現在のところ高く評価している物事の原因と結果の双方に対してなされる現行の調査に答える責任があることになります。もし，私たちが道徳仮説しか持つことができないとしたら，私たちは知識となることができるようなものを決して所有できないかのように思われる可能性があります。けれども，私たちは道徳的知識が科学的な知識とパラレルな点を持つということに留意する必要があります。つまり，プラグマティックな枠組みは，道徳的知識を科学的知識と同じように——絶対的に確実であるというよりも常に修正可能であり，さらなる経験の吟味を受ける必要がある，と見なしているのです。

　先に挙げたベンサムのような人が，哲学において，いわゆる経験主義者として知られる一方，カントは一般に合理主義者と呼ばれます。カントは，倫理的な知識が経験によるというよりも，むしろ，理性を通じて獲得されると信じています。カントによれば，ある種の行為があなたの道徳的義務であるかどうか

を知るには，すべての人がそのように振る舞うことをあなたが欲しうるかどうか，と自問するだけでいいのです。もし，そうであれば，どのようなことが生じようと，あなたは，自分が正しいことをしているということを知っているのです。そこでは，さらなる経験の吟味は何一つ必要とされません。

一方，ヒュームの跡を継ぐ人々は，これとはかなり異なる道を歩みます。仮に，道徳判断が私たちの感情表現にすぎないとすれば，正確な言い方をすると，道徳的知識などというものは存在しません。なぜなら，知識に類するものは，どのようなものであれ，真なる信念，あるいは少なくとも正当な根拠を持った信念を伴うからです。しかし，ヒュームの見方によれば，ある行為が道徳的に正しいか間違っているか，ある目的が道徳的に善か悪か，あるいは，ある性格特性が有徳なものか悪徳なものであるか，について語ることは，正当な根拠を与えられた信念を述べているものではありません。それは自分の好悪を表しているにすぎないのです。

道徳的責任 (Moral responsibility)

人々は，道徳的には責任を問われないようなどんなものに対しても，責任がある場合がありえます。その場合，ある行為に対して責任があるということは，その行為の主体であったことを意味します。しかしながら，ある行為に対して道徳的に責任があるということは，正しいことをすれば褒められ，間違ったことをすれば非難されるように，きちんと責任が問われるということを意味します。

自らが関係しなかったものに対してその人の道徳的責任を問うことはできません。けれども，そのことに関与していたとしても，強制的にそうさせられていたとしたらどうでしょう。私たちは，その場合でも，その人に責任を負わすことはできないと言うかもしれませんし，あるいは少なくとも，酌量すべき事情があると言うかもしれません。さらにまた，愚かなことをしたものの，善かれと思ってしたことであったらどうでしょう。あるいはそれとは別に，どんな意図を持ってしたにせよ，単に結果を見通せなかっただけだとしたらどうでしょう。このような場合には，私たちはどう言うべきでしょうか。そうしたケー

スについて考えることによって，私たちは，人々が行うこと（またし損なうこと）に対して，その人の道徳的責任を問うことができる条件を探求し始めるのです。

　誰でも，自分ではどうすることもできないものに対しては道徳的に責任を負うことができません。仮に，その人に能力が欠けているとか，周りの状況が重なり合ってその人の最善の努力が阻まれたとしたら，その人は責任を免れます。けれでも，そうしたことが起こりうるということを見通し，それを阻止する措置を講ずべき状況にありながら，コントロールを失ったり，コントロールしなかったりする場合に対しては責任を取らすことができます。例えば，私たちは，自分の車を制御できず，事故を起こすような飲酒運転のドライバーを許しません。なぜなら，そのドライバーは，最終的に，車の運転をしないなど，安全を確保するための手段を講じるべきだったからです。同様に，通常の状況下で，かんしゃくを起こして暴言を吐く人は，非難に値します。というのは，そういう人は自分の短気をコントロールするすべを身につけておくべきだったからです。また，ある事柄に権限を持っているという意味で主導権を握っている人は，事態が悪くなる場合，通常，一義的な責任を負うことになります。同様に，そのコントロール下にある人は，自らに課された義務を遂行している限りにおいて，ある程度，非難を免れます。しかしながら，そのような人に与えられる保護も絶対ではないし，単に「命令に従う」だけの人も，それだけで自動的に，悪事を働いたときに，あらゆる責任を免れるというわけにはいきません。もちろん，権力を行使する者たちによって，大変なプレッシャーを背負ったり，あるいは巧に操られている人もありえます。そして，このことは，罪を軽減する要素となることはできますが，それも，当該の人が，主導権を握っている者たちにどの程度抵抗することができたかということによります。

　行為する人がその状況について持っている知識を私たちは考慮する必要があります。もし，その人が自分の行為を十分わきまえている場合には，責任を追及される可能性は高くなります。また，私たちは，その状況を当然もっとよく自覚しているべきであったような人々もまた許すことはありません。問題となる事柄を適切に考えられなかったということも言い訳にはなりません。どちら

も，人がそうした状況下で，本来，知るべきであったことや考慮するべきであったことを，知りもしないし，考慮もしていないのです。いわゆる勘違いをしたような場合には大目に見られることはありますが，人が責任を免れたり，あるいは責任を追及されたりする度合いは，その人が，どの程度，意図せずに道を外したかのかによります。何の落ち度もないのに道を外すようなことがあったら，それは強力な情状酌量の条件となります。

　行為の意図や動機は考慮の対象となります。もしも，その行為を意図していなかったとすれば——例えばそれが偶然に起こったとすれば——，責任を免れるか，あるいは少なくとも，責任の追及の度合いは低くなります。では，たとえその人の行為の結果が悔やまれるものであったとしても，善かれと思って行った場合はどうでしょうか。その人が何を知っていたのか，何を知るべきであったのかという問題は，ここでの文脈では，どの程度過失があったのかということを評価することと関係していますが，行為の結果と動機をめぐるさらに広範な問題は，私たちを先に議論した規範理論へと引き戻します。義務論者にとって，意図の問題はきわめて重要です。行為者が正しいことを誠実に行ったということであれば——カントであったら，道徳法則によって自らの義務を行ったということであれば——，その人は道徳的に行為したのであり，その行為の結果のために非難されることはありません。目的論者にとって，行為の結果はそんなに軽く済まされるものではありません。もしも，有害な結果をもたらす可能性があることを知った上で約束を守るとしたら，有害な結果が起これば，過失責任を問われることになります。それゆえ，ある理由によって称賛に値するものも，別の理由で非難の対象となりうるのです。

　結局，選択の自由は，道徳的責任にとっての必要条件であるように思われます。もし，ある人が選択の余地がなくそれ以外に行うことができなかったとしたら，その人をその行為のために非難することはできません。もちろん，よく言われることですが，そのような人は，そのとき，実際は，追い詰められて，自分に期待されたことをしただけか，圧力に屈しただけで，選択の余地はなかったというわけです。このような場合でもある程度の道徳的責任を問われることがあります。本当にそれ以外の行為の可能性はないのでしょうか。この点に

関して哲学者は非常に異なった立場に立って議論をしてきました。分かりやすくするためにその中でも両極にある立場を取り上げてみましょう。一つは，20世紀フランスの実存主義哲学者ジャン＝ポール・サルトルの立場です。彼は，私たちがどのような状況であろうとも，それ以外の仕方で行動する自由が常にある，と主張しました (1992)。実存的選択とはどのような逃げ道もないラディカルな自由であり，私たちは，たとえ何が起ころうとも，道徳的な責任を負うのです。もう一つは，いわゆる強固な決定論者の立場です。この立場によると，私たちの行為はすべて決定されており，私たちは，私たちが実際に行っている行為以外の仕方で行動することは決してできないのです。その結果，強固な決定論者は，私たちがいつも自らの自由意志で行動できるという考えは，一つの神話だと主張します。同様に，もしも，道徳的責任が，私たちが行う行為の自由な選択に依存しているとするならば，道徳的責任は間違いなく一つの幻想なのです。誰一人どのようなことに対しても道徳的に責任を負うことがないというわけです。

　道徳的な営み全体に対する，このような徹底的な拒絶は，あっさりと退けられるものではありません。私たちの行為はすべて，私たちが行うことを完全に決定している原因の結果であり，多くの場合その原因が隠されているのだということは，少なくとも可能なのです。この立場と正反対の，いわゆるリバタリアンの見解，つまり，私たちの選択や決断は，どのような原因にも拘束されない，世界への介入であるという見解は，素朴すぎると考えている哲学者は多いのです。それでもなお，遺伝的環境的要因はもとより個々の出来事なども含めてすべてが私たちや私たちの脳の生理化学的流れが影響を及ぼしているのであって，これらすべてのことによって私たちの行為は決定されているのだという考えを拒絶しないままで，自由と道徳的責任に固執しようとすることはできるかもしれません。つまり，両立論者 (*compatibilists*) のように，自由意志は決定論と両立できると主張することができるのです。そのような論法を一つだけ取り上げてみましょう。もしも自由に行為するということが単に自分自身の欲求に従って行為することにすぎず，他の仕方で行為するよう強要されていないとするならば，これらの欲求それ自身は究極的には自分の統制の及ばない他の原

因の結果であるとしても，自分の欲求を満たすために行為することができるときは常に自由に行為することになります。道徳的責任を救済するこのような方法が自由を定義しているその方法に依存しているということに注意を向けることは重要です。自由をこのような仕方で定義すべきかどうかは，もちろん，メタ倫理学的な議論がさらに追求し続けるべき問題です。

注
1) テロス（Telos）とは，古代ギリシャ語の「目的」。
2) 「deon」というギリシャ語に由来する言葉は，道徳的義務や法的義務を意味します。

参照文献

Aristotle, *The Nichomachean ethics*, book 1, trans. WD Ross, available at <http://classics.mit.edu/Aristotle/nicomachaen.html>.〔アリストテレス『ニコマコス倫理学』第1巻，朴一功訳，京都大学学術出版会，2002年〕

Bentham, J 2007, *An introduction to the principles of morals and legislation*, Dover Publications, New York.〔J. ベンサム『道徳および立法の諸原理序説』〈世界の名著 (49) ベンサム／J・S・ミル〉関嘉彦（編集），山下重一・早坂忠・伊藤吉之助訳，中央公論社，1979年に抄訳所収〕

Dewey, J 1957 (1919), *Reconstruction in philosophy*, enlarged edn, Beacon Press, Boston.〔J. デューイ『哲学の改造』清水幾太郎訳，岩波文庫，1968年〕

Durant, W 1939, *The life of Greece*, Simon & Schuster, New York.

Hume, D 1896 (1739), *A treatise of human nature*, ed. LA Selby-Bigge, Clarendon Press, Oxford. Available at <http://search-ebooks.eu/a-treatise-of-human-nature-258784030>.〔D. ヒューム『人間本性論』第1巻　木曽好能訳，第2巻　石川徹訳，第3巻　伊勢俊彦訳，法政大学出版局，2011-2012年〕

Kant, I 1964 (1785), *Groundwork of the metaphysics of morals*, trans. HJ Paton, Harper Torchbooks, New York.〔I. カント『道徳形而上学原の基礎づけ』中山元訳，光文社古典新訳文庫，2012年〕

Mill, JS 2008 (1863), *On liberty and other essays*, Oxford University Press.〔J. S. ミル『自由論』斉藤悦則訳，光文社古典新訳文庫，2012年〕

Nozick, R 1974, *Anarchy, state and utopia*, Basic Books, New York.〔R. ノージック『アナーキー・国家・ユートピア——国家の正当性とその限界』嶋津格訳，木

鐸社,1995年〕
Russell, B 1961 (1945), *A history of Western philosophy*, George Allen & Unwin, London.〔B. ラッセル『西洋哲学史1〜3』市井三郎訳, みすず書房, 1970年〕
Sartre, J-P 1992 (1943), *Being and nothingness*, Washington Square Press, New York.〔J-P. サルトル『存在と無(1), (2)』松浪信三郎訳, ちくま学芸文庫, 2007年〕

第 II 部

第4章　倫理学を教えるためのガイド

　道徳教育に対する協働的な倫理学的探求を論じ，また倫理学の主要な話題についても語ってきましたので，いよいよ教室での実践に何が必要かを見ていくときです。教室での実践を進めるにあたっては本質的な側面が二つあります。すなわち，協働作業と倫理学的探求です。これら二つの側面は教室において統合されていますが，協働的な学習プロセスに焦点を絞る前に基本的な倫理学的探求を調べておくと，ここでの取り組みの初歩的な理解が得やすくなるでしょう。倫理学的探求には基本的なパターンがあります。最初にそのパターンになじんでおけば，実際の倫理学的探求をより容易に追うことができますし，教室での適切な活動を構築する方法をはるかによく理解できるようになるでしょう。

倫理学的探求の基本パターン

　倫理学的探求の基本パターンは，一つのフローチャートで表すことができます。このフローチャートでは探求プロセスは一連の操作に分解され，それぞれの操作は全体的な作業の内部で独特の機能を持っています。フローチャートの構成要素を詳しく述べながら，この章を進めていこうと思います。

倫理学的探求を刺激する

　倫理学的探求は自然発火的には生じません。探求に火を点けるものが何か必要です。このことをよく理解するには，教室外でのなじみ深い探求のことを考

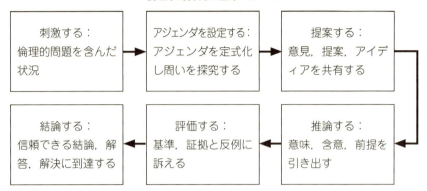

倫理学的探究の基本パターン

えてみるだけで十分です。あなたはあまり体調がよくなくて，医者にかかろうとしているとします。医師の問診と臨床記録からある診断が下されるかもしれません。しかし，医師があなたの示す症状が何を原因としているか不確かで，さらなる検査が必要になることもあるでしょう。言い換えますと，医師は一連の探求に取り組む必要があるかもしれないのです。しかしながら，この例で特に注意すべき点は，この探求が始まったのは，あなたが自分の健康を心配しているからだということです。あなたの症状に不安があるから，あなたは行動しようとしたのです。それがなければ探求は始まらなかったでしょう。例えば，あなたが車を自動車工に預けるとき，刑事が犯行現場に呼び出されるとき，政府が社会に生じたある深刻な問題について調査委員会を組織するとき，いずれも事情は同じです。現実的な事柄においては，探求を動機づける問題がなければ，探求は開始されないのです。

教室での倫理学的探求では，道徳的な問題を直接解決するように授業案が作られてはいないのが普通ですが，最終的には，それは道徳的な問題に対して私たちがどのように行動しなければいけないかということに関わっています。したがって，教室での倫理学的探求は，探求を性格や行動の問題の方へと駆り立てるような状況や問題を必要としています。言い換えますと，もし教室で倫理学的探求を進めようとするならば，探求へと動機づけるために児童生徒にとっての純粋な倫理的関心事が必要だということです。刺激となるものが時事問題

であろうと，フィクションが提起するものであろうと，歴史に関係しようと，科学技術の利用に関わろうと——どんな主題が結びついていても構いません——，刺激となるものは，児童生徒の興味を引きつけて，それについて問いを投げかけたくなるような仕方で提示されることが必要なのです。

　私たちは問いに対する特定の答えを想定して教材を手配することがないよう気をつけなければなりません。そんなことをすれば，私たちは探求する動機づけを弱めてしまいます。この点について簡単な実例としてイソップ寓話集を取り上げてみます。イソップの寓話は何世代にもわたって子どもたちを魅惑してきましたし，その文学的価値に疑いはありません。イソップ寓話集は教訓を扱っていますので，小学校の読書プログラム全体を通して倫理学的探求向けに選ぶのは自然に思われます。ですが，イソップ寓話集は他の点では素晴らしいものの，教訓を引き出すように組み立てられているのが難点です。それらの寓話は道徳上の教えを垂れるよう意図的に書かれています。それこそ，イソップ寓話集が倫理学的探求にふさわしくない理由なのです。

　イソップ寓話集と対照的な例として，パット・トムソン（Pat Thomson）の絵本『そんなのやりすぎ（不当）だ！』(*It's So Unfair!*)（2005年）を検討してみましょう。この絵本では農夫の妻があまりにいたずらがすぎる猫をドアから箒で叩き出してしまいます。猫は，自分のしたいたずらを逐次明らかにしていくたびに，「そんなのやりすぎだ！」と叫んだのですが，この猫の叫びは，農場の動物たちに次から次へこだましていきました。猫への仕打ちに怒った動物たちは農夫に不満を訴えました。農夫は，猫が不当に仕打ちを受けたということに同意して，猫を家に戻しました。しかし，猫が農夫の妻を怒らせたいたずらだけでなく，農夫のお気に入りの椅子にも粗相したと明かすと，農夫は猫を即座に再び外に追い出してしまいます。「そんなのやりすぎだ！」と猫は抗議し，農場の動物たちから同情を買おうと叫ぶのでした。イソップ寓話集とは異なって，トムソンの物語は教訓を引き出すように組み立てられてはいません。そうではなくむしろ公正（fairness）という観念を一つの問題として立てるのです。したがって，それは児童生徒の心に公正な扱いについての問題を引き起こす力を持つと期待できます。こうして児童生徒は倫理学的探求の一つの基礎を形成

できるようになるのです。

論題を設定する（setting the agenda）

倫理的な問題を児童生徒に対して設定することと，児童生徒が自分たち自身で問題を立てるように促す教材を児童生徒に提示することとは別の事柄です。後者は倫理学的探求のためには一層自然な出発点であり，倫理的な問題に気づく能力を育成してくれます。この事実の重要性を正しく評価するためには，日常生活では倫理的問題が教科書のように目印で強調されてはいないということを銘記すれば十分です。私たちは自分の力で倫理的問題を識別し明瞭に表現する必要があります。そのため一般的には，児童生徒に倫理的問題を直接与えるのではなく，児童生徒が刺激となる教材に埋め込まれている倫理的問題を自分で識別するように求めるべきでしょう。

私たちはひとたび倫理的問題にぶつかると，そのときどう対処すべきかという問いに直面することになります。そういった問いへの答えは明らかであるかもしれません。しかし，取りうる応答が複数あって，どの選択肢を取るべきか確信が持てないとき，あるいは問いには様々な意見あるいは異なる観点の入る余地があるときには，私たちはどの立場を取るべきか，あるいは何をなすべきかを探求する必要があります。同じように，児童生徒は自分たちの探求に焦点を絞り論題を設定するためには適切に問いを発する必要があります。このような文脈では，問いは一つの探査と考えることができます。探査するように徹底的な問いを発することで，児童生徒は何か肝心で重要なものを見定めようとします。つまり，児童生徒が不思議に思い，探っていこうとする倫理的問題の重要な側面を見定めようとするのです。適切な問い——主題の中心に届く問い——を発する技術は実践を重ねることでしか磨けません。児童生徒が最初から適切に問いかけができるとか，1回か2回の授業でそれが習得できるなどと想定してはいけません。あらゆる技術と同様，問いを発する能力を涵養するには粘り強い努力が必要なのです。

探求とはまずもって問うことであり，そして問うこととは探求に他なりません。ですから，倫理的な事柄について探求する能力を養おうと思うならば，児

童生徒は問うことの技術を学ばなければなりません。このことはいくら強調してもしすぎるということはないのです。もちろん，児童生徒の問いに補足をして，児童生徒の探求を後押しするのはまったく構いません。ですが，私たちが私たち自身の問いを児童生徒に与えてしまうならば，児童生徒を動機づける貴重な源を削ってしまうのはもちろん，探求の最も基礎的なスキルの一つを伸ばし損なうことになってしまいます。

提案する（Suggesting）

ひとたび問いについて議論が開始されると，倫理学的探求は児童生徒が応答するときには，提案も一緒にするように仕向けます。提案には多くの種類の思考が表現されています。例えば，命題を述べたり，推量したり，意味を推測したり，説明を提示したりと，様々ありえます。これらすべての提案は暫定的な性質を持っています。それらは検討のために提示されるのです。つまり，吟味しなくてはならない事柄が提示されるのです。

提案するときには「アイディアがあります」と言うのが普通でしょう。倫理学的探求の文脈ではアイディアというのは，例えば，前進するためのヒントや気づき，あるいは問いに取り組むのに有益であると判明するかもしれない概念です。それゆえ，アイディアは提案と同じ仕方で働きます。一つの提案が別の提案を呼ぶのとまったく同じように，一つのアイディアには別のアイディアが続くのです。そうしてある主題を別様に扱ったり理解したりできる様々な道を指し示すのです。

教室で倫理学的探求を実施するときに必要不可欠なのは，児童生徒の意見表明を提案として扱うことです。他の文脈では非常によく目にすることですが，人は皆自説を通すために反対意見を攻撃したり，異議を唱えられるとさらに強引に自説を繰り返したりします。それゆえ最も重要なことは，児童生徒が次のことに気づくことです。つまり，児童生徒の意見は倫理学的探求において共有される価値のある思考として重んじられること，しかもその理由は意見が正しいからでは必ずしもなく，考えるに値するからであることです。反対意見に直面すると，探求者は単に自説を擁護するだけではありません。自分と異なる意

見に分があると判明すれば，自説を固守するというよりもむしろ，考えを改める可能性が高いものなのです。

提案について推論する

提案の趣旨を理解するためには，提案から得られるものがもっともらしい帰結なのか，それとも論理的含意なのかを確かめていく必要があります。推論とはそういった推理を導出することです。推論ないし論理学の正式なトレーニングを受けている教師はほとんどいないでしょうが，教師であれば皆，児童生徒が示す非論理性の明白なサインを見抜けるはずです。不十分な推論には支払わなければならない代償があるので，私たちは児童生徒の推論に注意深く目を配らなければならないのです。人は推理を導出する必要がないときに，そうしてしまったり，そうすべきときに，し損なったりするものです。そのあげくに行為に移したり移し損なったりして，報いを受けるのです。このことは道徳の領域に限った問題ではありませんが，その報いは道徳的領域では頻繁に起きるものです。推論する力に乏しい人は裏づけを欠く道徳判断を下しがちです。あるいはまた，道徳的な事柄について推論する習慣のない人は，道徳的な論争に他の方法でアプローチする可能性が非常に高いのです。例えば，よく知られているのは，むっとして立ち去る，暴言を吐く，暴力に訴えるといったところでしょうか。その結果，人間関係は崩壊してしまうのですが。

行為の実践的な含みを探ろうとすれば，行為の趣旨をもっとよく理解することになるでしょう。それはちょうど言明の論理的含意を検討すれば，その言明の意味をもっと完全に把握することになるのと同様です。私たちの行為がもたらしそうな帰結を正確に理解し損なうと，防ぐことができたかもしれないあらゆる衝突に巻き込まれてしまうこともありえます。言明から何が帰結するかを理解し損なうと，あらゆる種類の内容を浅薄に理解してしまいます。教師がしばしば嘆いている通りです。これらの事実を考えてみるだけでも，児童生徒の推論する力を育成する十分な理由となるはずです。

推論はまた提案が依拠する仮定を明るみに出してくれます。何が当然と見なされているかを見ておくことはしばしば有用です。提案が疑わしい仮定に基づ

いていると判明する場合は，とりわけ有用です。例えば，その人は親切な行いには報いなければならなかったという提案があるとします。この提案は親切な行いは別の親切な行いを受けるに値するという仮定に基づいてなされているかもしれません。もしそうであれば，この原則を明るみに出し，普遍的に適用可能かあるいは状況に応じて適切となるのかを検討してみる価値があります。

提案を評価する

　私たちが倫理学的探求において提案について推論するのは，それらの提案を評価するためです。自分が倫理に反すると見なした振る舞いの否定的な帰結に注目する児童生徒は，自分たちの主張の根拠を提出することでしょう。同じことは次のような場合にも当てはまります。つまり，ある行為が好ましくないのは，自分たちが既成の道徳原則と見なしているものとその行為が矛盾するからだと児童生徒が論じるような場合です。児童生徒はまた，あやふやな仮定に基づいているからそのような提案が結果として出てくるのだ，という事実に目を向けるかもしれません。このように多くの仕方で，倫理学的探求では児童生徒は自分たち自身の提案について推論することによって，その提案を評価するように促されるわけです。

　児童生徒の提案にはその意味を探る必要があるキー・コンセプトが含まれている場合がよくあります。ある児童生徒が，その提案に対して，それは決定的に重要な用語——例えば，「自由」あるいは「善」——が何を意味するかにひとえにかかっている，と言って応答する場合，その児童生徒は倫理的概念に注目しているのです。倫理学において，私たちはそのような概念をたくさん用います。ほんの数例ですが，私たちは正邪，善さ (*goodness*)，正義，公正，差別，さらには幸福，正直，寛容，友情などの概念に関心を抱いています。これらキー・コンセプト——低学年の児童生徒には「ビッグ・アイディア」と呼んだ方がいいかもしれません——を探り当てる最も実り多いやり方の一つは概念の適用基準を見つけることです。つまり，私たちが何かを考察して，例えば，それが公正あるいは公正でないと言うときに，どんな根拠でそう判断しているのか自問するのです。示された理由は，それが公正あるいは公正ではないと言うた

めの暫定的な基準であるか，あるいはそれを指し示すものです。理由は，最初は基準の寄せ集めですが，その後その基準は改変され整理されていきます。概念の探求のプロセスを通じて，児童生徒は用いられている概念をさらに深く理解するようなります。さらにこのようにして児童生徒はよりよい判断を下せるようになるのです——それも問題となっているケースの場合だけではく，これらの概念の適用を当てにしているすべての場合についてもそうなのです。

　他の分野での探求と同じように，倫理学的探求においても提案の評価は理由と証拠に訴えてなされます。とはいえ，異なる倫理学理論を支持する人が異なる種類の訴え方をする可能性があると承知しておくことは重要です。児童生徒が倫理学の理論を意識する前であっても，評価を試みる際にはこの相違が反映されています。例えば，行為を評価する際に，その帰結に注目しがちな児童生徒は，暗黙のうちに帰結主義あるいは目的論の立場を取っています。これとは反対に，行為とは独立に確立された原理に言及して行為を評価したがる児童生徒は，駆け出しの義務論者です。それゆえ教師は倫理学理論について基礎的な知識を持っていなければいけません。そうすれば教師は，児童生徒がこれらの様々な主張をするときに，その手の内を見抜き，議論を完全に掌握することができます。

　児童生徒は個人的な経験を用いて自説を例示したり，証拠となる裏づけとしたがることがよくあります。それが不適切な情報提示（例えば，家族に関わる私的な事情）を含まず，逸話に陥らない限りは，個人的経験に言及するのはよいことです。というのも，児童生徒は教室で学んでいることを自らの経験と世界によって理解しようとしているからです。このような関連づけは教育の他の分野でも有意義ですが，道徳教育ではきわめて重要です。児童生徒の経験と生活世界との関連づけをしない道徳教育は失敗します。

　倫理学的探求における狙いを評価するために使われている特殊な例があります。反例と呼ばれるものです。反例は一般的な主張に逆らう例です。例えば，児童生徒が根拠のない一般化に依拠しているときには，一つか二つの例と対峙させてみて，その一般化には疑問の余地があると気づかせる必要があります。同じことは児童生徒が提出する振る舞いの原理や規則についても当てはまりま

す。そのような提案を深く考えるようにさせるかもしれない反例を思いつけるか児童生徒に問いかけることは，たいていの場合有意義です。

結論に達する

倫理学的探求は多種多様な結論に帰着するかもしれませんが，それらの結論は価値に重点を置いていると言ってよいでしょう。ここには次のような結論が含まれています。例えば，あるものはよい，あるいは他のものよりはよい，ある行為は正しい（あるいは間違っている），あるいは他の行為よりも受け入れやすい（受け入れがたい）という結論です。道徳と価値についての伝統的な教育は，児童生徒が何を尊重すべきかについて指示を与えます。その教育はある行為は正しいが，他の行為は間違っている，またあるものはよいが，他のものは悪いなどと断言します。このことは多くの手段によってなされるかもしれません。例えば，規則を制定する，振る舞いを強制する，より上位の権威に訴える，模範を示すなどが考えられます。こういった手段にはそれなりに役割がありますが，倫理学的探求は狙いが異なりますので，それとは別のアプローチを取ります。倫理学的探求は，倫理的問題の注意深い考察を通じて，それらに関する情報を与え，それらに関する推論と判断を改善することを目指しています。重要な道徳思想家が私たちに残してくれた倫理的な事柄をめぐる多様な考え方を用いて，児童生徒がそういった考え方で考えていく能力を育成するのです。以上を踏まえると，倫理学的探求の目標は，児童生徒が全員既知の結論に至るということではありません。そういうこともあるかもしれませんが，それは，私たちが到達しようと努力しているものではありません。たとえどれほど暗黙裡にであっても，児童生徒の探求はあらかじめ設定された判断あるいは結論に至るべきであると主張するならば，その探求はもはや真理の究明ではありえません。つまり真正な探求たりえないのです。児童生徒は素早くそのことに気づき，当然それに対する興味を失うのです。

だからといって，児童生徒が導きたいとする結論に決して異議を唱えてはいけないわけではありません。反対に，もし児童生徒が重要な選択肢を考慮しなかったり，ずさんな論拠に陥ったり，浅薄な理解に同意してしまったり，不十

分な思考の部類に入る数多くの欠点に引っかかったりすれば，真っ先にしなければならないことは，児童生徒に問いかけることなのです。児童生徒がよく考え抜かれて十分に正当化された結論に到達するとすれば，思考プロセスの点においても，何であれ実質的な結論を導き出したという点においても，探求は全体的な目標に達したことになるでしょう。

　ここで二つのポイントを強調する価値はあるでしょう。一つは，クラスのメンバーによっては異なった結論に達する可能性があるということです。もっと広い共同体では人々が倫理的問題について互いに必ずしも同意するわけではないことを考えるならば，教室で必ずしも全員一致とはいかないからといって驚くには値しません。さらに言えば，児童生徒が経験を通じて，人々は倫理的な事柄においては，まったくもっともな理由によって異なる結論に至ることがよくある，ということを知ることは有益でありえます。それは道徳的な謙虚さの感覚を発達させて寛容な態度を育みます。もう一つのポイントは，あたかも問題の事柄について判断を誤る可能性が皆無であるかのように，結論を教条的に擁護するのは探求の精神に反するということです。私たちは道徳的な事柄について誤る可能性があるということを進んで認めるべきですし，神のような道徳的判断能力を持つと想定すべきではありません。倫理学的探求は理に適った，そして信頼できる判断を与えてくれるはずです。判断が理に適っているというのは，それが理由あるいは証拠によって支持されていることを意味します。判断が信頼できるというのは，私たちがそれに依拠できるということです。しかし，私たちの判断が想定していたほど理に適ってはいないということを明らかにし，それゆえその判断にどれほど依拠できるかを疑問に付すような要素が明るみに出る可能性を排除するとすれば，私たちは賢明とは言えないでしょう。

＊　　＊　　＊

　これで探求の基本的パターンのスケッチを終えます。探求の協働的な次元へと移る前に，ありそうな誤解を解いておく必要があります。これまでは，倫理学的探求は常に一つの段階から次の段階へと一直線に進むといった印象を持たれたかもしれません。実際のところは，説明の便宜上そのように提示したのです。倫理学的探求は局面の間を行きつ戻りつするのが通例です。その理由を見

出すのは難しくはありません。例えば，問いが十分には明瞭でないということが明らかになるかもしれません。そうすると，児童生徒はためらいがちに問いに取り組んだ後に，引き返して問いを明確化しようとするかもしれません。さらに，提案の含意が否定的な評価に至るときには，児童生徒は以前に言及されたある選択肢へと知らぬ間に戻っていくかもしれません。そのように行ったり来たりを何度も繰り返すことは，探求が全体的に上手く進むためになくてはならないものなのです。繰り返しますが，どのような後戻りも適切であるということを確認し，必要に応じて思慮深い問いかけをして探求を軌道に乗せ続けることが，教師の責任なのです。児童生徒が探求プロセスを内面化していくにつれて，その責任は児童生徒へと徐々に譲られていくのですが，学習者を支える足場をあまりに性急に撤去すべきではありません。

倫理学的探求を協働で行う

　倫理学的探求は多くの種類の思考を含んでいます。とりわけ次のようなものが注目に値します。問題を識別し記述する，問いを構築する，提案とアイディアを発展させる，論理的かつ実践的な帰結を推理する，仮定を特定する，基準に訴える，理由と証拠を比較検討する，反例を組み立てる，結論を導くなどです。これらの一部は批判的思考 (critical thinking) の例となりますが，他のいくつかはより創造的な思考と言えます。例えば，主張を正当化するためにある基準に訴えること，あるいはある理由を他の理由よりも重視することは批判的な判断を訓練することになります。他方で，アイディアを思いついたり反例を想像したりすることは創造的な行為です。ところが，批判的思考と創造的思考の二つに加えて，第三の種類の思考があります。この思考は道徳教育に特別な関連があり，それゆえ倫理学的探求において奨励されるべき思考です。第三の思考が基づいているのは，価値のようなものについての思考は感情に左右されない純粋に知的な事象ではないと認めること，そして道徳教育は「ケア的思考」と呼ばれてきたものを含むべきだということです (Lipman 1995, 2003とNoddings 2003参照)。私の見るところでは，ケア的思考は思考の社会的側面——児

童生徒が共に思考するときに前面に出てくる側面——に焦点を当てています。

ロダンの有名な彫刻,『考える人』は,教育において思考として通常理解されているものを上手く表現しています。ロダンの考える人は,頬杖をついて物思わし気にじっとどこかを見詰めている孤独な個人であり,心の奥で何らかの問題について思いをめぐらせています。彼は思考を心の内部で行われる推論として人格化したのです。この思考理解はラファエロの絵画,『アテナイの学堂』に見られる思考のイメージとはまったく対照的です。この絵画の中心には,アリストテレスとプラトンが,地上の事柄について探求すべきか,それとも彼岸の実在を観想すべきか,ということについて論争しているのを見ることができます。二人の周りには思想家たちが他にも多くの集団を作って議論しています。ラファエロが提示しているのは,討論型の思考なのです。

ラファエロの思想家像はロダンの個人が持っているほどの偶像的イメージはありませんが,ラファエロの思想家像の方が教室での倫理学的探求に取り組む児童生徒にはふさわしいと言えます。そのような思想家は主題に専念しているだけではありません。彼らはまた互いに関わり合ってもいます。議論において思想家は語りかけ,そして傾聴するのです。彼らにとっては,思索は言葉に出してはっきりと語ること,能動的に聴くこと,互いに意見を交換し理解し合うことと固く結びついているのです。彼らは互いの貢献を当てにしながら応答し合います。問いかけ合い,支持を与え批判を繰り出し,探求において代替策を示唆し,異なる視点を提示するのです。社会的形態を取る思考は,内に閉じ込もるというよりはコミュニケーション指向であり,孤立した個人の私的なプロセスを対人的な意見交換へと変換するのです。

以上のような思考にとって最も特徴的なことは,お互いに協力し合う参加者を必要とすることです。いくつかの例を挙げるならば,このことは明らかとなるはずです。

- ▶ ヴァネッサはアンドリューが彼の問いを改良するのを手伝う。
- ▶ レイチェルが言いたいことを他の人が誤解しているのに気づいて,ジャマルはレイチェルの意見を明瞭にしようとする。

- ▶ジェレミーはロベルトの提案に反対だが，批判しているわけではないとはっきりさせる。
- ▶アサドはイングリッドの意見に激しく反対しているけれども，アサドはイングリッドの発言を遮るのを止めて，彼女の言い分に注意深く耳を傾ける。

　これらがケア的思考の例となります。これらのケア的思考の例は，協働で行う倫理学的探求の重要な一部をなしており，それは批判的思考と創造的思考が倫理学的探求の一部であるのと同様です。これらの例には，探求のための思考だけでなく，お互いへの道徳的敬意によって調整された思考が含まれています。それはつまり，倫理学的探求は，ケア的思考が植えつけられるとき，それ自体倫理的実践の一つの形態となるということなのです。倫理学的探求が主題を適切に反映している仕方で遂行されなければならないとするなら，これがあるべき姿なのです。皮肉なことに，教室外でなされる道徳的な事柄についての議論では，ひどい行動が見られることが頻繁に起こっています――そのような行動に対しては，ケア的思考を含んだ倫理教育が治療法の提供に役立つことができます。

　協働作業のトピックを紹介しましたので，様々な段階の探求プロセスを再訪して，この方法でなされるとき，これらの段階がどのように見えるかを確かめましょう。

倫理学的探求を刺激する

　協働で行われる倫理学的探求では刺激となるものを適切に共有するだけではいけません。倫理的問題を議論するよう児童生徒を動機づける環境が求められます。それには，協働作業を妨げるよりもむしろ促進する物理的な配置だけではなく，探求を誘う教室の雰囲気も含まれます。

　間違った答えを出すのを心配したり，自分の考えを述べて馬鹿にされたりするのを怖れて，児童生徒が発言におじけづくような教室では，倫理学的探求を促進するのは望み薄です。児童生徒が知っておく必要があるのは，倫理学的探求においては決着済みの正しい解答を扱うのではなく，問題や疑問に思ってい

ることを扱うのだということ，そして，それらの問題や疑問に思っていることに対しては議論する価値のある数多くの提案がなされるだろうということです。最後の最後であっても，私たちが到達した結論が確定して，皆が同意することがなくてもよいのです。正当化できる可能性や観点は一つとは限りませんから。

　クラスでの議論は協働でなされる倫理学的探求の不可欠な部分を形成するはずです。クラスでの議論が最もよく進められるのは，児童生徒が向かい合ってお互いを見ることができて，教師が教室の前方に立たないときです。このことはきわめて重要です。教師の役割は，児童生徒が秩序立った思慮深い討論ができるようファシリテートする――導くのではなく――ことです。そのためには児童生徒は，いちいち首を伸ばして発言者の方に振り向かないで話し合えなくてはなりません。協働的な探求をするために自然な座り方は車座です。車座になれば，児童生徒間の意見交換が促進され，児童生徒は言葉にならないサインを拾い上げることができます。教師がホワイトボードやイーゼルに近づく必要がある場合でも，車座の適当な場所に座っても不都合はないはずです。

　クラスでの議論をファシリテートするためには，とりわけ一度に一人だけが話すように仕向けるためには，スピーカーズ・ボールを導入するのがよいでしょう。ボールを持っている人だけが発言者となり，他は皆聞き手にまわるというわけです。バスケットボールくらいのボールが最適です。それぐらいの大きさのボールなら児童生徒間で投げずに簡単に転がすことができます。大きなボールを使うと，発言が終わったときに発言者はボールの上に両手を重ねることもできます。このようなやり方をすると，誰かの発言中に他の人が挙手してクラス全体の気が散るようなことはなくなります。

　協働でなされる倫理学的探求はまた小グループでのグループワークに適しています。グループワークはまた十分な討論を引き起こす可能性があります。実際，クラスでの議論と小グループに分かれての議論との往復運動は，議論を組み立てるため役に立つやり方であることがしばしばあります。例えば，クラス全体での議論のある時点で意見を述べたくて仕方のない児童生徒が沢山いると気づいたら，小グループに分割して（隣同士で主題について議論するだけでもよいのです），そこでの討論の結果をクラスに報告させるというのは，非常に生産

的な運動となりえますし，発言の順番待ちをしている児童生徒が感じるかもしれないフラストレーションを緩和してくれます。少しの間小グループへ分割すると様々な意見が浮上してきて探求を活性化することができます。その後クラスでの議論が再開されると，小グループでの活動をクラス全体へとフィードバックすることができるのです。小グループでの議論とペアワークによって，一人ひとりの児童生徒に追加的な発言時間が与えられますので，それだけ議論への関与が強まります。

論題を設定する

倫理学的探求を始めるために刺激となる教材を紹介するとき，私たちは児童生徒に取り組んでいける問題と関連する問いを提起するように求めています。教材が提起する倫理的問題は何かを児童生徒に尋ねてから，それらに関する問いかけをして探求を開始することができますし，まず複数の問いを立ててから，児童生徒に問いをトピックごとに分類させながら始めることもできます。こういったことは児童生徒個々人の応答に基づいて行うこともできますが，たいていはグループワークをさせる方が効果的です。クラスをいくつかの小グループに分割して，グループごとに問題を識別する，あるいは問いを組み立てるよう求めると，協働討論が引き起こされます。問題の識別の仕方は児童生徒によって異なりますし，問題を捉える観点も違っているかもしれません。児童生徒は多様な問いを考え出し，問いをいくつもの異なる方法で形作ろうと試みるでしょう。児童生徒に，例えば，重要な問題を一つだけ考え出すように求めたり，本当に議論に適した倫理的問題を出すように求めたりすると，児童生徒たちの多様な応答の間に裁定が下って，最後には一層当を得た説明とさらに適切な問いが生まれるでしょう。

　さらに，何人かの児童生徒に問題を挙げさせて，その応答を黒板に記録するよう指示したとします。それから，クラスを複数の小グループに分割して，グループごとに選択された問題について問いを組み立てるように指示するのは役に立つかもしれません。一組の問いを前もって黒板に書いておいて，児童生徒を小グループに分けて，それらの問いの中には一緒に分類できるような重要

な関連性を持っているかどうかを議論させるのも同様に有益です。

最後に，問題が多すぎる場合には，児童生徒にどれを一番掘り下げてみたいか尋ねるのがよいでしょう。例えば，票決を採ると，児童生徒の問題関心の中心は，教師が思っていたのとは別のところにあると判明するかもしれません。教師が選んだかもしれないトピックとは別のトピックを児童生徒が議論したがっても，あまり心配することはありません。児童生徒の関心を活用して自分たちで考えさせるようにしましょう。後で別のトピックに立ち戻ることはいつでもできるのですから。

もし倫理的問題から始めるならば，先に進む前に，児童生徒からその問題について明瞭な発言を聞き出しておくようにしましょう。そして児童生徒全員が見ることができるように黒板に発言を記録しておきましょう。次いで，引き出されたかもしれない問いはすべてリストアップしましょう。児童生徒をグループに分けて，ある問題について思考を大いに刺激する問いを組み立てるように求めたときは，各グループにサインペンと模造紙を渡して，児童生徒たちの問いを黒板に表示しておきましょう。どこから出発するのであれ，進行中は，取り組んでいる問題を明瞭に見ることができるようにしておく必要があります。

提　　案

探求が協働的であるということの価値は，児童生徒の提案を取り扱う段になると理解しやすくなるでしょう。探求を進めれば，私たちが進む方向を見つける際に取ることができる異なった道の間で選択をしなければならなくなります。そして提案はこれらの道を様々な仕方で指し示しているものなのです。倫理学においては，探求は次のような事柄を伴うことになります。例えば，状況に対処するやり方の選択，異なる倫理学的原理間での選択，複数の異なる価値への信頼，人の性格あるいは振る舞いに関する異なった視点間の裁定などです。児童生徒は多様な意見と観点を携えて倫理学的探求に赴くということ，また，児童生徒はすでに異なった暗黙の原理に依拠して，いく分異なる価値観を抱きつつ，他の人々の振る舞いと性格とを様々に評価する可能性があるということ，このような事実はすべて探求のために利用できます。このような事実は，これ

からじっくりと考えることができる提案のあらかじめ用意された源泉としての役割を果たしてくれます。

　多種多様な提案がなされると，児童生徒は何であれ，たまたま考えたことを反省して，仲間が差し出した選択肢を考慮するようになります。つまり別な提案との間で裁定を下すようになるわけです。熟慮された道徳的判断をする傾向と判断を適切に行う能力の両方を伸ばしていくのが，まさにこの比較検討と熟慮，熟考なのです。協働の努力を通じてこれらの成果が得られるという事実は，児童生徒はお互いに意見の対立に直面したときには，お互いに分別を保ち，困難に対してより友好的な解決策を見出すことができるようになるのはもちろんのこと，進んでそうしようとする傾向が伸びていくということを，意味しているのです。

　倫理的問題や問いに取り組み始める際には，児童生徒に提案を求めると最も上手くいきます。児童生徒に個々の提案を深く検討させる前に，多くの提案を取り上げるかどうかは状況次第です。先に多くの提案を取り上げるのがよい場合はよくありますが，別の可能性に移る前に一つの可能性を検討するのが望ましい場合もあります。どのような手順を取るにしろ，黒板には，取り組まれている問題や問いにつながるいくつかの提案を添えて，進展を記録することをお勧めします。

　これは，私がディスカッション・マップと呼ぶものの開始です（Cam 2006, pp. 82-85を参照）。いくつかの提案が評価され検討されるにつれて，マップは拡張していきますので，余白をたっぷり取るようにして下さい。

推論する

　推論するとは論理学的な推理をすることです。前提から結論を導くことです。推論は倫理学的探求においてはあらゆる段階でなされものですが，最初に適用されるのは提案の含意をめぐってです。——児童生徒は提案を理解し評価するために，提案の含意を把握する必要があるのです。協働作業として行われる推論を見ていきましょう。

　仮定（Assumptions）はうってつけの出発点を与えてくれます。仮定とは命題あるいは私たちが提案と呼んできたものを支持するために必要な前提のことです。仮定が不確かあるいは疑わしいときには，仮定を明るみに出さなければいけません。困ったことに，個々人は自分の提案の背後に潜んでいるかもしれない疑わしい仮定に気づきづらいのです。そのアイディアをすでに拒絶してしまっている他の人，あるいはその疑わしい仮定に対してどんなことが言えるかをじっくりと吟味する他の人は，その疑わしい仮定の欠点を見つける可能性が一層高いのです。これはディベートの場合のように攻撃的ではないので，協働的な探求に参加しているときには，児童生徒は，他の児童生徒が自分の発言の弱点を明るみに出してくれるのではないかと頼るようになり，こうして自分の弱点を修正し改善するようになります。もちろん，だからといって，クラスの特定の誰かが疑わしい想定を見分ける任につかなければならないわけではありませんし，ときには教師がそのような想定を明らかにするのを助ける必要があります。欠点を直接指摘するよりもむしろ，クラス全体に対して何が想定されているのかを問う方がよいでしょう。あるいは必要であれば，その提案が討論に付されている児童生徒に対して，その提案は明示的に疑わしいと示すのではなく，自分たちはそのような仮定をしているのかどうか尋ねてもよいでしょう。言い換えると，児童生徒が自分自身で疑わしい仮定がなされていることを見出すように最善を尽くして下さい。

　ある提案を採用すると得られそうな帰結を検討することは提案の趣旨（import）を考察することに他なりません。それは，ある命題の論理的含意を指摘することが命題の意味を分析することであるのと同様です。一つ例を挙げて見ましょう。鯨は哺乳類なのだから殺すのは間違っているという提案は，暗黙の

うちに哺乳類を殺すのは間違っているという主張に依拠しています（あるいはそのことを想定しています）。実際，基本的な推論 (reasoning) は次のようなものになります。

> 鯨は哺乳類である。
> 哺乳類を殺すのは間違っている。
> それゆえ：鯨を殺すのは間違っている。

まったく同じ推論によって，この見解を保持するような人は，牛や羊や豚を殺すのは間違っているという主張をも受け入れなければならないでしょう。そういう人はこの方針の諸帰結を受け入れる準備があるかもしれませんが，様々な理由からそれらの帰結に満足しない人もいるでしょう。たとえそうだとしても，牛肉，ラム肉，豚肉が依然として食卓に供されるのは何も間違っていないと議論する人は，哺乳類を殺すのは間違いだという主張を否定せざるをえません。

この短い寸描が教室で展開するのは容易に見て取れます。捕鯨について討論するときに，トムが鯨を殺すのは間違っていると主張したとしましょう。クラスメートが彼に理由を強く求めると，彼は，鯨は哺乳類だから殺すのは間違っている，と答えます。

「なるほど，あなたは，哺乳類を殺すのは間違いだ，と言いたいのね」，とティエンが言います。

「その通り」，とトムが答えます。

「じゃあ，羊はどうなの？ 羊は哺乳類だけど，私たちは殺しているわね」，とティエンが尋ねます。

「それに牛と豚も」，とニッキーが言います。——こうして討論が続いていきます。ここでは推論プロセスが参加者間の対話によって突き動かされています。個人のモノローグで議論を組み立てるのとは異なっています。それは単に態度表明を伴うだけではなく，異なる観点から問題について推論するものです。

ディスカッション・マップには提案についての重要な推論を必ずすべて書き

留めてください。疑わしい仮定が取り上げられるときは，注意を与えましょう。注目に値する含意はすべてリストアップして，よい推論にも悪い推論にも目を光らせましょう。もしよい推論の例が出てくるならば，ディスカッションを中断して，その例を黒板に再構成してみるのがよいかもしれません。同じことは疑わしい推論についても言えます。黒板に再構成してみると，誤りがクラス全体にとって明らかになる可能性が大きくなります。いずれにしても，不十分な推論を放置してはいけません。

評価する

提案を評価する際，児童生徒は理由のやりとりに従事します。先に部分的に素描した鯨の例では，トムは「哺乳類であること」を，鯨を殺すのは間違っているという自分の主張の理由に挙げています。トムの理由が十分かどうかはともかく，それはトムの主張を支える試みです。同じようにティエンとニッキーの鋭い返答はトムの主張に疑問を投げかけるものです。トムによる理由の説明と二人の少女の推論とが相携えて協働的な評価を開始しています。実際，トムと少女たちは同じ形の推論に依拠しています。ティエンがほのめかしているように，もしトムの推論が適切なら，羊を殺すのは間違っているとなるはずでしょう。

> 羊は哺乳類である。
> 哺乳類を殺すのは間違っている。
> ∴：羊を殺すのは間違っている。

ここでティエンとそれからニッキーは，私たちが哺乳類を殺している事実に依拠しています。そうであれば，どうして哺乳類だからという理由だけで，鯨を殺すのは間違っていると言えるのでしょうか？ もちろん，これで事が終わりとするわけにはいきません。私たちが実際に羊を殺しているという事実だけでは，羊を殺すということを受け入れるわけにはいかないのです。

推論と評価を扱うときには，推理と正当化とを区別するのが重要です。推論

と理由の説明とについて語るときに，この二つが混同されるときがあります。評価する際に，私たちが理由を説明するのは，主にある主張や提案を正当化するか疑問に付すためです。推論する際，私たちは推理し結論を導きます。そして評価目的で推論するときは，同じようにもっぱらある主張を正当化する（上述のトムが推論する場合）あるいはそれに疑問を投げかけるのです（ティエンとニッキーの場合）。この動きを誰の目にも明白にするためには，児童生徒が理由を説明しているという事実を際立たせるために「なぜなら」を用い，結論への推理を際立たせるために「それゆえ」を用いるよう最初に児童生徒に求めるとよいでしょう——あるいは，あまり適当ではないかもしれませんが，小さな子どもには「だから」を用いるようにさせても構いません。

このように理由の説明と推理とをはっきりと区別したところで，児童生徒が正当化と推理とが関係し合っていると気づくように指導するのが大切です。両者はお互いに裏と表の関係にあります。このことを見るには先の例を作り直してみるだけで十分です。

> 正当化：鯨を殺すのは間違っている。なぜなら鯨は哺乳類であり，哺乳類を殺すのは間違っているのだから。
> 推　理：鯨は哺乳類である。哺乳類を殺すのは間違っている。それゆえ鯨を殺すのは間違っている。

小学生はこれら二つの働きを学ぶことができますし，練習を積めば両者間を自由に行き来できるようになるでしょう。実際，この行き来の運動は協働でなされる倫理学的探求において当然起きるものです。トムが，鯨を殺すのは間違っている。なぜなら，鯨は哺乳類だから，と提案すると，ティエンは直ちにこの提案がもっともな理由を持つのは哺乳類を殺すのが間違っている場合に限ると見抜いています。言い換えると，ティエンが見抜いたのは，トムが自分の主張を支えるためにはこの一般的な命題が必要だということです。——この前提を加えなければ，トムは鯨を殺すのは間違っていると結論を導くことができないことを見抜いたわけです。それから彼女は同じ推論によって羊を殺すのは間

違っていると結論づけられると示唆します。ティエンは羊を殺すのは間違っているとは考えていないのですから、トムへの主張への反例を示唆しているのです。もちろん、羊はまさに哺乳類なので殺すのは間違っている、となおもトムが自説の立場にこだわるかどうかは決まっていません。とはいえ、目下のところ彼はなぜ哺乳類を殺すのが間違っているのかについてさらなる理由（さらなるなぜなら）が必要となるでしょう。

　他の場合と同様に、基準に訴えることは倫理学における重要な評価手段を提供します。それに含まれるのは、例えば、一般に認められた振る舞いの規範、原理、福祉と危害を測定する尺度、幸福や公正といった価値への訴えなどが含まれます。とはいえ、留意してもらいたいのですが、広く認められている基準と合致しているからといって、探求の文脈で疑う余地のない判断が必ずしも与えられるわけではありません。あるものが認められているという事実だけでは、自動的にそれが認められるべきものとなるわけではないのです。原理との合致は倫理学における評価の一般的形式ですけれども、原理はしばしば例外を認めますし、一つの原理に基づいて行為すると、危害防止のような他の道徳的尺度だけでなく他の原理とも齟齬を来すかもしれません。何が幸福と公正といったものを構成するかはほとんど常に論争の的になっています。

　以上の事柄が明らかになるのは、協働でなされる倫理学的探求をおいてありません。例えば、ラヴィが、別の文化におけるある慣行は人権を尊重していないのだから間違っている、と主張し、その一方、アブドゥルは同じ慣行を伝統的な生活様式の一部だと擁護します。サラは帰結のいかんに関わりなく真実を常に述べるべきだと考えますが、カルムは潜在的な危害を避けるためには決して正直であってはならない場合もあると信じています。ビリーは誕生日のケーキを全員に同じ大きさで取り分けるのが公正だと考えていますが、それに対してジョナサンは大きな子が小さな子よりも大きな取り分をもらうべきだと異議を唱えます。これらの競合する主張は、それ自体論争中であるような一つの基準に訴えて解決することはできません。対立する主張を選り分けて決着させるためには、私たちの基準を検討し擁護する必要もありうるのです。

　理由と証拠は、どのような探求においても、評価の手段ですから、倫理学的

探求でも一つの評価の手段となります。例えば，矛盾や不一致，疑わしい仮定，反例への脆弱性などは，やっかいな帰結の指摘や啓発的な解説の提示とまったく同様に重要なものです。しかし，一連の証拠に置かれる重みは論争可能ですが，論理的考察はそうではありません。この事実から逃れるすべはないのです。児童生徒が自己矛盾を犯したり，とても出てくるはずのない結論を導いたりするならば，児童生徒は数学で間違うのと同じ仕方で間違っていることになります。修正するべき論理的誤謬を犯しているのです。ここでもまた，児童生徒が自らの推論の欠陥を自身で修正するのが最善です。しかし，もし児童生徒が修正し損なうようでしたら，教師が欠陥に注意を向けさせる必要があります。

　それに反して，児童生徒が倫理学における自分の見解に固執することは可能です。たとえ他の児童生徒からすると圧倒的な反証に見える証拠に直面するとしても，そうなのです。例えば，前章で紹介したカントの主張によれば，どのようなものであっても嘘をつくのは悪い行為です。真実を述べるとかなりやっかいな帰結が生じるような例を示されたとしても，カントの主張を採用する児童生徒は依然として真実を述べるべきだというでしょう。もちろん，カントが与える種類のものであれ，違うものであれ，その児童生徒はそう主張するための正当化を必要としています。しかし，そのような劇的な例示があるにせよ，事実は倫理学においては，それだけでは自己弁護とはなりません。事実は原理と他の加えられるべき一般的考察と闘わねばならないのです。

　倫理学に関して言えば，証拠の解釈はまた，ある程度主観的な事柄です。このことを理解するには，第三者の同じ行動や性格特性に対して異なる人々が多様な反応を示すのを熟考するだけで十分です。私が不作法と見なすものを，読者は率直と見なすかもしれません。私が頑固者と見なす人を，読者はその人の意志の強さを示していると考えるかもしれません。同じことが，完全に同じ理由から，文学作品における登場人物の性行についても言えます。私たちは臨床的に距離をもって他者を理解するわけでなく，あくまでも私たち自身の性格を通じて受け取ります。この事実は協働でなされる倫理学的探求にはあっても避けられない特徴であって，そこでは性行について参加者の持っている様々な判断が絶えず影響し合っているのです。たとえそうだとしても，文学研究の場合

と同じように，倫理学をする児童生徒はそのようなものについてより適切な裏づけのある評価をすることができるようになっていくのです。シャイロックやリア王といった人物像に対する唯一の正確な解釈などはありません。なるほどそうではありますが，そういうものに対する評価にはより鋭いものもそれほどでもないものがありえますし，また裏づけがしっかりしたものも裏づけに乏しいものもありえます。このことは中等学校の英語〔国語〕教師であれば，分かりすぎるくらい分かっていることです。こういう点で，協働でなされる倫理学的探求の美点とは，児童生徒の批判的能力に磨きをかけて一層適切な判断を可能にするという注目に値する力であり，児童生徒自身の性行をも含めて，性行に対する児童生徒の理解を深めるという注目に値する力なのです。

結論する

　道徳的生活に関する問いの探求は終わりがないものとなりがちです。終わりがないのは，私たちが到達する結論が何であれ，それに続く経験やさらに深い洞察が始まるということを考慮すると，その結論はほとんど常に改訂を被るからです。だからといって，進歩がありえないわけではありません。なるほど，授業が主題に関して目に見える成果をもたらさないと，児童生徒はごまかされたと感じるほどではないとしても，欲求不満を覚えるでしょう。とはいえ，ディスカッションの主題が何であれ，授業は進歩をもたらしたと感じられるはずです。振り返ってみれば，児童生徒は次の事実を理解できるはずです。つまり，自分たちは倫理的な問題に真正面から立ち向かったということ，倫理的な問題に適切な問いを発したということ，様々な提案を掘り下げ評価したということです。すなわち，児童生徒はその問題をより正確に把握したということ，あるいは異なる観点から何とか考察することができたということです。さらにこうも言えるでしょう。児童生徒はある主題についてはもっと考察する価値があるような重大な問いがあるということ，あるいは，深く考えずに答えてしまった問いが思っていた以上に複雑だったということに気づいたのです。児童生徒は問題に対するある応答が疑わしいものであるという理由を知ったということ，いやそれどころか，最初からずっと自分たちが考えてきたことが，まったく正

当な理由があり，ずっと考えて来たからこそ今ではそのことが自分たちにとって一層明らかになったのだということを確認したとも言うことができるのです。要するに，所与の主題についての探求の結果は多種多様であり，必ずしもすべての児童生徒が同じ結論に至るわけではないのです。しかし，たとえときに暫定的で多様であったとしても，結論は出てくるはずです。

　協働でなされる倫理学的探求が一直線に進むことはほとんどありません。児童生徒が提案を思い切って差し出し，それを批判し，別の道を取ろうとするように，探求は行ったり来たりするものです。こうしてある方向に進み，自己修正して方向転換するパターンは探求の進行中に何度も繰り返される可能性があります。それにもかかわらず，結局全体的には前進します。教師が配慮しなくてはならないのは，児童生徒が互いの提案を評価しながら，この種の進歩をもたらすようにすることであり，そしてディスカッションが進行するにつれて，児童生徒が何を獲得したかを気に留めておくようにすることです。そのためには教師は，児童生徒が正しい方向を維持できるようにする必要があります。教師が何らかの標識を置かないとその方向は見失われてしまう恐れがあります。先にお勧めしたように，ディスカッション・マップを作って進歩の記録をつけるのがよいでしょう。例えば，ある提案がもっともな理由で却下されたときには，その事実を誰の目にも明らかにしておくべきです。他の提案について賛否両論が争われて，さらなる問いをもたらした場合でも，書き留めておくべきです。さらに第三の提案に関して意見の相違が解消されないときも同じです。──ディスカッションがどのように進むとしても，以下同様です。

　ディスカッション・マップは結論を導く基礎を与えてくれます。次頁の図では，唯一結果は判明しているが，提案1は上手くいかないということです。提案2に関しては立てられた問いを究明していけば，問題を解決できるかもしれないということです。同じように，提案3をめぐる不一致の基礎をさらに検討していけば，問題解決につながるかもしれないということです。もちろん，児童生徒一人ひとりが提案3について自分自身の結論を導くかもしれません。ですが，その児童生徒も，他の児童生徒が他の児童生徒なりにもっともだと思われる理由によって自分たちと合意しないことに十分気づいているのです。この

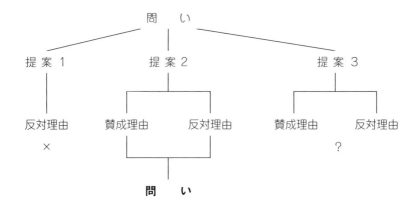

結果は，教室で一般的に連想されている結果よりも整然としてはいませんが，これはむしろ道徳の領域で考える価値のある大部分の問いの本質なのです。ですから，このような結果をもたらすということは，協働でなされる倫理学的探求にとって，弱点ではなく長所と言えるのです。

参照文献

Cam, P 1995, *Thinking Together: philosophical inquiry for the classroom*, Primary English Teaching Association/Hale & Iremonger, Sydney.〔フィリップ・キャム『共に考える』桝形公也監訳，井谷信彦・高井弘弥・中川雅道・宮澤是訳，萌書房，2015年〕

Cam, P 2006, *Twenty thinking tools: collaborative inquiry for the classroom*, ACER Press, Camberwell.

Lipman, M 1995, 'Caring as thinking', *Inquiry: critical thinking across the disciplines*, Vol. 15, no. 1, pp. 1-13.

Lipman, M 2003, *Thinking in education*, 2nd edn, Cambridge University Press.〔M. リップマン『探求の共同体　考えるための教室』河野哲也・土屋陽介・村瀬智之監訳，玉川大学出版部，2014年〕

Nodding, N 2003, *Caring: a feminine approach to ethics and moral education*, 2nd edn, University of California Press, Berkeley.

Thompson, P 2005, *It's so unfair*, Anderson Press, London.

第5章　教室での活動と練習問題を組み立てる

　この章では倫理学的探求のための活動をいくつか紹介します。紹介される活動の多くが，すぐに教室で使えそうだと思われるかもしれません。しかし，私は活動の詰め合わせを差し出そうとしているのではなく，むしろ活動を組み立てるためのガイドを示したいと考えています。ガイドさえあれば，こういった活動を自分自身で作ることができます。皆さんが，ここで紹介されたモデルを活用し，自分自身の目的に沿った活動へと発展させることができるようになると，私は確信しています。

　どの教科で，学校教育の何年生で，ということを考えて倫理学的な主題を並べていくよりも，協働で行う倫理学的探求を支えている次の三つ中心的な柱をめぐる活動を組み立てるようにしました。つまり，問うこと，概念の探求，推論のことです。また，活動の背景にある知識も紹介しました。そのような知識は，探求をベースとする道徳教育のアプローチにおいて活動がどんな役割を持つのかを理解するのに必要になるはずです。

　活動の基礎的な説明に加えて，論理的思考の練習問題をいくつか付け加えました。練習問題とは，仮定を明らかにする，論理的思考のパターンを特定する，誤謬を見つけるといった特定のスキルに照準を絞った課題のことです。こういった練習問題は，クラスでのディスカッションや小グループ活動で補助として役立ち，協働で行う倫理学的探求の土台を形作ります。練習問題が育むスキルによって，児童生徒は倫理学的論点についてさらに注意深く考えることができるようになるでしょう。

問うこと

　伝統的な道徳教育が反省よりも指導教授に頼っていたのに対し，道徳教育の探求的アプローチは児童生徒の探求能力，問いかける能力に大きく依存しています。といっても，教師が児童生徒にたくさん質問することを避けるべきであるということではありません。むしろ，それは役に立つことが多いのです。教師から提示される主題についての問いは110頁から始まる「ディスカッション・プランを組み立てる」という節で扱っています。しかし，教師が立てる問いは児童生徒が立てる問いの代わりになることはない，と強調することは重要です。道徳の領域における論点や課題を知的に取り組む能力を育むためには，児童生徒が自分で問いを投げかける能力が必要不可欠なのです。それゆえ，児童生徒の問いのスキルを育てることを狙いにした活動から始めることにしましょう。

児童生徒が問いかける

　小さい子どもは問いに満ちていると言われますが，必ずしも与えられた課題にふさわしい問いを投げかける方法を知っているわけではありません。それこそが，教えなければならないことなのです。それには，基礎的な足場を作るテクニックがあります。このテクニックによって，低学年の児童生徒は，絵本のような教材を与えられたとき，協働して倫理学的探求を行うのに適した問い，つまり「ビッグ・クエスチョン」と呼ばれる問いに，取り組むことができます。詳細な手順は絵本の性格によって変るかもしれませんが，以下の手順によって，一般的な方法を知ることができるはずです。

活動：ビッグ・クエスチョン

手　順

　物語を読んだ後に，児童生徒に以下の三つの問い（あるいは教材に適した，同

じような問いを）を投げかけ，その答えを記録しましょう。

1．物語を聞いていたとき，あなたはどんなことを考えていましたか。
2．物語の登場人物の行動のうちで，あなたが好きなものはありましたか。それはどんな行動ですか。
3．物語の登場人物の行動のうちで，あなたが好きになれないものはありましたか。それはどんな行動ですか。

1．物語を聞いていたとき，あなたはどんなことを考えていましたか？
 ⇒ジェームズは彼のことが好きで，ジェシーも彼が好き——もう一度始まる。
 ⇒親切さ。
 ⇒あなたは新しい友だちを作ることができる。
 ⇒惨め。
 ⇒悲しさ。
 ⇒猫は彼女のことが好きじゃなかった。

2．物語の中の好きなこと，同意できることはどんなことですか？
 ⇒ジェームズが生きていたとき。ジェシーが猫を戻したとき。
 ⇒ジェシーがウィリアムと友達になったとき。
 ⇒彼女は猫を好きじゃなかったけど，猫のあごの下をなでた。
 ⇒ジェームズはウィリアムが好きで，ジェシーは好きじゃない。それが物語を面白くしている。
 ⇒あなたは猫を見ないといけない，たとえ……であっても。

3．物語の中で好きじゃないこと，同意できないことはどんなことですか？
 ⇒猫が意地悪だったとき。
 ⇒ジェームズが死んだとき。
 ⇒ジェシーが猫から離れて扉を閉めたとき。
 ⇒猫がジェシーを好きじゃないこと。
 ⇒猫が隠れないといけなかったこと。

子どもたちが使ったキーワードのうちで，問いかけるのにふさわしい言葉に下線を引きます。そして，子どもたちが自分たちのビック・クエスチョンを投げかけるのです。[1]

ビッグ・クエスチョン

　病気にかかってるわけでもないのに，人々はなぜ死ぬんだろう？（オスカー）
　<u>どうして</u>心臓発作になるんだろう？（ジャックとピーター）
　誰でも誰かを傷つける<u>の</u>だろうか？（ドゥーガル）
　<u>なぜ</u>周りの人たちを好きになれない人がいるんだろう？（マルゲリータ）
　他人に意地悪するのはなぜ？（オスカーとロージー）
　<u>なぜ</u>永遠に生きることができないの？（マヌリ，ピーター）
　どうして人は死ぬの？（エマ）
　自分がして欲しくないことを他の人にするのはどうして？（ロージー）
　なぜ悲しくなることがあるんだろう？（シーン）
　なぜ他の人を傷つけるのだろう？（ピーター）〔これはドゥーガルの問いと関連づける〕
　新しい友だちをつくる<u>べき</u>なのだろうか？（ロージー）
　どうしたら友達になれるの？（リリー）

　以上は，オーストラリアのブリスベンにあるビューランダー州立小学校の児童の記録です。

　ご覧の通り，この活動には時間がかかるのですが，報酬は十分すぎるほど得ることができます。このやり方に助けられて，かなり年少の子どもたちであっても，登場人物や物語のプロットを深く探る問いをすぐに作ることができます。こういうことはそのような問いがなければできないでしょう。同じような土台は，登場人物の行動だけではなく，登場人物の様子について，様々な関係について，あるいは本の中心的なテーマ（「ビッグ・アイディア」）について，問いを組み立てていっても作ることができます。
　小学校で教えている教師たちにとっては，問いを作るための言葉には慣れて

いることでしょう。それは,「誰」「何」「いつ」「どこ」「なぜ」「どのように」といった言葉です。倫理学的な探求を行うときには,そういった言葉に「べきshould」「ありうるcould」といった言葉を加える必要があります。しかじかという登場人物はそんな風に行動したけれど,そのように行動すべきだったんでしょうか? 他の行動はありえなかったんでしょうか? 問いがこのような方向に向かえば,私たちは,何がふさわしい行為,あるいはもっとふさわしい行為を生むのか,あるいは,別の行為をした方がもっと適切であったかもしれない,と考えるようになるのです。以下の例のように,活動を広げていけば,児童生徒は倫理学的な問いを立てることにもっと自信を持つようになるでしょう。

活動:問いを立てることができる

手　順

1. 以下のような問いのフレーズをカードに記入し,見えないようにカバンの中にしまいます。マーカーも何本か必要になります。
   ……ということは正しかったでしょうか?
   ……をすることはふさわしいでしょうか?
   ……はどれくらい良くなかったでしょうか?
   ……だとしたらもっとふさわしかったでしょうか?
   ……は……すべきだったでしょうか?
   ……は他にどのように……できたでしょうか?
2. クラスを小グループに分け,各小グループに,カバンのところまで来て,カードとマーカーを受け取る人を募集します。クラス全体に向けて,自分たちが選んだカードを使って問いを作ることになると言っておきましょう。
3. 適切な絵本をクラスに読み聞かせます。短くてシンプルなものを選んでおきましょう。
4. ここでそれぞれのグループに物語についての問いを,先ほど選んだカードから作るように指示します。
5. クラスを見回って,必要であれば,問いをマーカーでカードに書き込む

手助けをします。その後で皆が見えるようにカードを貼り出します。
6．お気に入りの問いに投票するようにクラスに指示します。問いを読み上げていき，ディスカッションをするためにクラス全体で問いに投票します。

　問いのスキルをうまく使えるようになるにつれて，児童生徒は，問いに答えるためにどのように取り組む必要があるかに応じて，問いを区別できるようにならなければいけません。例えば，児童生徒は，権威ある情報源に頼って十分に答えることができる問いを，自分自身で考えなければならない問いから区別できるようになる必要があります。また，ほとんど，あるいはまったく正当化をしなくても答えを出すことができるような問いと，適切に取り組むには，答えに十分な理由を与えることが必要な問いを区別できるようになる必要もあります。例えば，純粋に個人の好みの問題へと帰着してしまうような問いは前者のような問いであるのに対し，倫理学的な問題を提起するような問いは後者のような問いです。下に示された構造は，私が問いの四象限図と呼ぶもので，児童生徒が問いを区別することを学ぶ手助けになる実用的で手軽な工夫です。

問いの四象限

調査すれば分かる問い	ブレーンストーミングのような問い
答えは本の中にある	ふさわしい答えであれば，どんなものでも答えになる
確実に正しい答えがある	たくさんの答えの可能性がある
頼りになる情報源から答えを見つけることができる	ディスカッションをするのに時間をかける必要がある
専門家に尋ねる問い	ディスカッション

活動：私はどんな問いでしょう

手　順

1. クラスに物語を読み聞かせて，そこから問いの四象限図の四つの種類のすべての問いを立てます。それらの問いをカードに記入し，教室のどこからでも読めるようにします。クラスの児童生徒の半数の問いが必要になります（児童生徒が慣れているなら，物語の代わりに，教材を与えて，自分自身で問いを作らせることもできます）。
2. 問いの四象限図のシートを床の上に広げて，クラス全体に説明します。物語を読んだ後に，問いを渡すので，それを四象限図のシートの上のどこかに置くことになると説明します。
3. 物語を読みます。
4. 問いのカードを二人に1枚ずつ配布し，その問いを問いの四象限図のどこに置くのかをディスカッションしなければならないということを確認します。
5. 児童生徒の準備ができたなら，クラスを見て回り，それぞれのペアに問いを読み上げさせて，置くべきだと思える場所にカードを置かせます。その判断が正しい理由を説明させます。二人が合意に至ることができないとか，問いをどこに置けばいいのか不確かなときには，その理由を話すようにさせて，クラス全体に助けを求めるようにさせます。
6. 次の問いに移る前に，同意できないところや，不確かなところがないかクラス全体で常にチェックします。

概要をつかむために，パット・トムソン（Pat Thomson）の絵本『そんなのひどすぎる！』（*It's So Unfair!*）を用いて，問いの四象限図の活動を行ったときに出た問いをいくつか並べておきます。この本には前の章でも言及しました。

> ▶なぜプラウトさんはキャットを罰したのでしょうか？
> ▶キャットはどんないたずらをしたのでしょうか？

> ▶キャットは他にはどんないたずらをしたと考えられますか？
> ▶なぜ他の家畜たちは皆，キャットの味方についたのでしょうか？
> ▶家畜は実際，普通の猫と仲良くする傾向にありますか？
> ▶あなたはキャットがしたようないたずらをしないように猫を訓練することができますか？
> ▶すべてのいたずらをキャットがしたとしたら，キャットに対する公正な罰とはどのようなものだったでしょうか？
> ▶農夫のプラウトさんは，他のいたずらをすべてキャットがした後でも，キャットを家に入れてあげたのに，自分のイスにキャットがいたずらをしたことで，キャットを外に追い出したのは公正だったでしょうか？

　高校生に対しても，問いの四象限図を紹介して，それぞれの問いがどのような性質を持っているか考えさせるのは有益でしょう。以下は1958年にジッダで起きた石投げの刑による2名の殺害を目撃した人たちが行った証言についての問いです。問いはR. M. マコールによって書かれました (in Carey 1987, pp. 666-667)。

> ▶女性に投石をし始める合図を群衆に送ったのは誰ですか？
> ▶なぜ群衆には処刑された女性の叫びが聞こえなかったのですか？
> ▶ジッダとはどこにあるのですか？
> ▶ジッダでは今日でもまだ投石がなされていますか？
> ▶その処刑はイスラム法の下で実施されたのですか？
> ▶もしも，恐怖を感じたヨーロッパ人がその女性の扱いに同意できないと声を上げていたら，何が起きていたでしょうか？
> ▶徐々に死に直面していった女性の心の中で何が起きていたとあなたは考えますか？
> ▶男性と女性をそのように不平等に扱うことを正当化できるものが何かありますか？

▶どこで，いつ実行されていようとも，そのような処刑を私たちは糾弾すべきでしょうか？
▶ここにいたジッダの群衆が投石で殺した男女のような人々に対して，私たちが寛容な態度を示したとしたら，ジッダの群衆が私たちの寛容な態度を糾弾することは正しいでしょうか？

教師が問いかける

　倫理学的探求のファシリテーターとして，教師の問いへの関わり，教師の問いかけが児童生徒にとってモデルになります。教師自身が問いに対する展望を持っていなければ，児童生徒が展望を持つようになることなど望めないでしょう。児童生徒に問いかけるということについて検討したときには，ディスカッションの主題に関わる実質的な問いに限定してきました。この点について言わなければならないことはもっとありますが，次のことを理解してもらうことがきわめて重要なのです。つまり，探求に焦点を当て続け，探求を秩序立って展開するためには多くのことが必要なのですが，児童生徒がこれらのことに注意を払うということを確実にするために教師はまったく異なった種類の問いを用いる必要がある，ということなのです。このような問いには，児童生徒に対して，話していることを明確にさせて，主張を正当化させ，例を挙げさせ，意味について考えさせるなどといったことが含まれます。私たちが探求しようとする実質的な問いとは対照的に，こういった問いかけによって私たちは，探求が進むにつれて，ある動きをするように方向づけられます。こういった問いは手続き的な問いと言えるでしょう。教師は主題について適切な問いを提示し，同じことをするように児童生徒に教えることで，児童生徒は論点や問題を探求することを学ぶようになります。丁度それと同じように，教師がこの手続き的な問いを使ってみせれば，その特定の探求のニーズが満たされるだけでなく，児童生徒が真似る手本を与えることにもなります。手続き的な問いを投げかける者として，教師は，一方で，探求が進行していくときにその都度求められるニーズに目をやり，他方で，児童生徒の手続き的な問いかけのスキルを伸ばすと

いうことにも目をやるのです。ここで，もう少し丁寧に，実質的な問いと手続き的な問いという，教師が行う二つのタイプの問いかけについて検討してみましょう。

実質的な問い：ディスカッション・プランを組み立てる

　ディスカッションを行うときには，通常は事前にいくつか問いを準備しておく方がいいでしょう。それらの問いは，児童生徒が前の授業で立てた問いをさらに充実させるものであるかもしれませんし，ある主題のいくつかの側面をカバーする目的で作られるかもしれませんし，ディスカッションが勢いを失ったときに，もう一度ディスカッションに集中させ，それを再燃させるため用いられるかもしれません。そういった問いの目的が実際にはどんなものであろうとも，倫理学的な概念，論点，問題をディスカッションするような複雑な活動をしようとすれば，主題に対する適切な問いを準備しておくことを勧めます。こういった問いを準備しておくことが，ディスカッション・プランと呼ばれるものです。

　ディスカッション・プランには様々なバリエーションがありますが，程度はどうあれ，基本的には，連続的なものと，そうではないものとに区別することができます。連続的なディスカッション・プランは，それぞれの問いがそれ以前の問いを基にして立てられている，一連の問いのことです。これらの問いはそれゆえ，順番に扱われることになります。連続的な問いかけは，テキストや他の教材の個別の論点から始まり，ある問題をさらに広く，総合的に考察するというように進みます。すでに児童生徒がよく知っている物事から始まり，そして，たった今探求し始めた物事と児童生徒の経験を結び合わせてもいいかもしれません。あるいは，比較的シンプルな答え，明快な答えを許すような問いから始まり，より困難で不確かな進行を強いる問題へと進むこともあります。以上のようなディスカッション・プランは皆，教師が準備した問いがどのような順番でも尋ねることができるようなディスカッション・プランとは異なっています。次のような場合には，順番はそれほど重要ではありません。例えば，主題を様々な角度から見ることができるように，問いがその主題の周りをめぐ

っていくような場合とか，問いが別の可能性を考察するように仕組まれているような場合とか，多くの関連事項を強調するようにデザインされている場合とか，ある概念の適用範囲を定めているような一群の基準を明らかにするために用いられている場合とか，単純に多くの考察を持ち込むように仕掛けられている場合とか，です。

　ディスカッション・プランは，ディスカッションに構造と方向を与え，論点の特定の側面や問題を解決する方法に児童生徒の注意を向けさせるように仕組まれています。こういった意味での方向を示す問いを立てることは，初めから決まっている結論に児童生徒を無理やり引っ張っていく問いを組み立てることとは明確に違います。後者の問いは高圧的な問いであって，倫理学的探求の精神に反するのです。もちろん，単独の問いがある特定の方向性に向かっていくために立てられ，別の可能性あるいは反対の可能性を示す他の問いと併置されることはあるかもしれません。誘導的な問いの中には，当然，ある論点を問題とするために使われるものもありますが，そのような問いがディスカッションを閉じ込めるために使われてはならないのです。

　このことをいくつかの例によって具体的に説明させて下さい。まずは小学校高学年にふさわしい連続的なディスカッション・プランです。この例で使った教材は，鶏肉産業用の羽のない鶏の写真です。[2] 羽のない鶏の美点は，羽をむしり取る必要がないことなのです！　それゆえ，他の条件が同じならば，時間とお金の節約になるというわけです。節約になるにもかかわらず，羽のない鶏の画像を見たときに，ほとんどの人は居心地の悪い気持ちになるはずです。驚き，嫌悪，哀れみ，どんな感情を抱こうと，その鶏は私たちが思う鶏とは異なった外見をしています。こういった感情は，羽のない鶏を飼育することが間違っているということを示しているのでしょうか？　あるいは，そういった感情に惑わされて，本当は間違っていないのに間違っていると考えているだけなのでしょうか。以下の問いは，羽のない鶏を飼育することには本当に何か間違ったところがあるのか，あるいは飼育すべきではないほど間違っているのか，それを児童生徒がディスカッションする基盤を与え，さらに倫理的な意志決定における感情と理性の役割についてより一般的に考える手助けをすることになるでし

ょう。

ディスカッション・プラン：羽のない鶏

1．羽のない鶏を見ると，どんな感じを持ちますか？
2．その感情から羽のない鶏を飼育することはどこか間違っていると言えるでしょうか？
3．一般に，感情は何が正しく，何が誤っているのかの良い導きになるでしょうか？
4．感情は過ちを犯すことがあり，本当は間違っていないことをどこか間違っていると感じさせることがあるでしょうか？
5．何かに対して人々が異なった感情を持つとき，そのうちの誰かが正しいと言うにはどうすればいいのでしょうか？
6．感情の他に，何かに問題があるかないかを判断できる方法はあるのでしょうか？
7．羽のない鶏を飼育することがどこか誤っていると考えるとすると，どんな理由を挙げることができるでしょうか？
8．羽のない鶏を飼育することから得る利益とはどのようなものでしょうか？
9．羽のない鶏を飼育することに反対する理由は，それを飼育することから得るどのような利益をも上回るほどに重要でしょうか。あるいは，重要でないでしょうか？

　次の連続的なディスカッション・プランは別の写真を用いたもので，今度の写真は南アフリカの東ケープ州に住む土地を持たない農家の家族の生活状況を描写しています（Pilger 2001, p. 75）。同じ目的に役立つ画像はいくらでもすぐにインターネットで閲覧できます。問いは貧困にまつわる事柄について倫理学的に探求する手助けになるように作られています。最初に貧困を一般的な観点と具体的な観点の両方を用いて概念化することから始まり，次に社会的，ある

いは国際的な富の格差の受容可能性を探り，国内で，あるいは国際的に，貧困に対処する義務という論点に進みます。最後に，児童生徒は，もっと個人的な観点で責任と行動について考えることへと導かれることになるでしょう。

ディスカッション・プラン：貧困

1. 貧困の中で生きるとはどのようなことでしょうか？
2. 写真の中の人々が送っている生活をどう思いますか？
3. 社会の中で，豊かな人たちがいる一方で，とても貧しい人たちがいることを受け入れることはできますか？
4. 豊かな国がある一方で，いくつかの国がとても貧しいということを受け入れることはできますか？
5. ある国の貧困は，その国が責任を持って自分自身で解決しなければいけないのか，世界の他の国々が助けなければいけないのか，そのどちらしょうか？
6. 世界の他の地域に存在する貧困よりも，自分自身のコミュニティの貧困を解決することの方に大きな義務があるのでしょうか？
7. あなたは世界の他の地域に存在する貧困の解決に手助けする責任を個人として感じるべきだと考えますか？
8. 世界の貧困を減らす手助けをするには何をすることができるでしょうか？

最後に，この章の初めに言及したジッダでの投石を扱った報告書に基づいた，高校生向けの連続的なディスカッション・プランの例を示しておきます。このプランはいくつかの包括的なオープン・クエスチョンから始まり，次いで異なった文化的背景を持つ人たちの中で呼び起こされる感情の妥当性，つまり法と正義の関係へと戻り，そして，それ以外に問題を整理する助けになることができるようなものがないかを問います。最後に，正義の普遍性，あるいは文脈依存性に関する根本的な問いへと向かって行きます。

ディスカッション・プラン：正義

1. ジッダで執行された刑は正しかったのでしょうか，それとも不正だったのでしょうか？
2. その刑の正・不正を決めているのは何でしょうか？
3. ジッダの投石に不快感を抱くとすれば，それは投石が本当は正しかったはずはないということになるでしょうか？
4. サウジアラビアの人たちがジッダの投石に報われたと感じたら，それは投石が正しかったに違いないということになるでしょうか？
5. サウジアラビアの法律と慣習によればこの処刑は正しかったとするなら，サウジアラビアの法律と慣習は正しいに違いないということになるでしょうか？
6. 不正な法律，慣習，慣行といったものはありうるでしょうか？（歴史上，奴隷制や人種差別を支持した法律はどうでしょうか？）
7. 法律が不正である可能性があるとすれば，現行の法律の正・不正を判断するための根拠は何なのでしょうか？
8. 正義は時代や場所によって異なる相対的なものなのでしょうか，それとも究極的には普遍的なものなのでしょうか？

こういった連続的なディスカッション・プランは，そうではないディスカッション・プランと対照的です。後者では問いは順を追って問われてはいません。一つの例で十分でしょう。次のプランは，ある規則が公正であると主張するときに依拠する様々な基準について，児童生徒が考える手助けをするためのものです。例えば，平等に扱う，競争条件を同じにする，ニーズに焦点を当てる，全体の利益に目を向ける，多数決を受け入れる，不利益に対処する，といったような基準は様々な文脈で依拠できるものかもしれません。しかし，このようなものに依拠しても，論争を免れているという保証はありません。それゆえ，このトピックによって，児童生徒の間にはたくさんの健全な意見の相違が呼び起こされる可能性があり，様々な事例と可能な反例が思慮深く検討されること

になるでしょう。

ディスカッション・プラン: 何によって規則は公正になるのでしょうか？

- ▶すべての人を同じように扱っているなら，その規則は公正なのでしょうか？
- ▶生まれながらにして有利な立場にある人にハンディを課しているならば，その規則は公正なのでしょうか？
- ▶ニーズによって人々を区別しているなら，その規則は公正なのでしょうか？
- ▶規則を守る人たち全体の最大限の幸福を目指しているならば，その規則は公正なのでしょうか？
- ▶大多数の人たちによって受け入れられているなら，その規則は公正なのでしょうか？
- ▶過去に差別されてきたことを理由に，あるグループを優遇している規則があるとしたら，その規則は公正なのでしょうか？

　ここで，物語のような教材からディスカッション・プランを立てる場合の注意を一言述べておきましょう。物語の複雑さという点では，わざわざ高校の国語で扱う小説などを見る必要ないということです。絵本ですら，倫理学的な探求に堪えるような概念，主題，問題に満ちていることが多いのです。ほとんど無作為にですが，パメラ・アレンの古典的物語『ハーバートとハリー』(*Herbert and Harry*)（2000年）を例に取ってみましょう。この絵本では次のような主題を思いつくことができます。協力と葛藤，運と幸運，わがまま，口論，孤独，自己防衛，失う恐怖，他者への恐怖，物事に強迫観念を抱くこと，人生で賢明な判断をすること，「なす」ことと「なる」ことの関係，良き人生を構成するもの，などです。思いついたすべての主題にそれぞれディスカッション・プランを作ろうとするなら，それこそ諺にあるように1カ月分の日曜日 a month of Sundays が必要になることでしょう。その作業は確かに楽しく，啓発的かもし

れませんが，授業の準備をしている場合，実用的とは言いがたいでしょう。最初の授業を，本を読む時間に充てて，児童生徒から問いを集めて，どの問いに取り組んでみたいかをクラスで決める方がよっぽどふさわしいでしょう。次の授業のためにディスカッションを取っておけば，一旦授業から離れて，どのような問いが選ばれたにしても，その問いを補足する問いかけを作っておく機会を得ることになります。先ほど想像したヘラクレスの怪力を必要とするような重労働とは違って，これくらいの仕事なら，何とかなるはずです。

　仕上げに『ハーバートとハリー』からいくつか主題を選んでディスカッション・プランを検討してみましょう。この物語の中で，ハーバートとハリーは，二人の釣り網にかかった財宝は誰のものなのかを口論します。ハーバートは財宝を引っ張り上げたのは自分だから，その財宝は自分の物だと主張し，ハリーは網を投げる場所を選んだのは自分なのだから，財宝は自分の物だと言い張ります。こういった口論は普通に起こるものであって，子どもの間でしか起きないというわけではありません。人々があることについて同意せずに，それぞれの人が自分の意見を正当化する理由を持っていると考えているのです。確かにそれぞれが挙げる根拠にはいくらか正当性はあるのかもしれませんが，自分の利益を重視すること，そして他の人の利益や自分に反対する根拠を正直に検討しようとしない態度は，軋轢をエスカレートさせていく原因になります。次のディスカッション・プランは児童生徒がこの問題を探求する手助けをするために作られています。

ディスカッション・プラン：口論を解決する

- ▶なぜハーバートとハリーは自分たちの網にかかった財宝について口論しているのですか？
- ▶ハーバートが財宝は自分のものだと主張するとき，その根拠は何ですか？ 逆に，ハリーが財宝は自分のものだと主張するとき，その根拠は何ですか？
- ▶財宝が誰のものかを決めるのに，二人が出した根拠のうちで，どちらの方

が良い根拠でしたか？
- 二人の人が，二人とも何かを自分のものだと主張しているときに，何をするべきかを決めるためには，どうしたらいいでしょうか？
- 口論することによって私たちの不一致を解消することには何か間違いはありますか？
- ケンカをすることによって不一致を解消することには何か間違いはありますか？
- あなたが誰かと不一致に陥ったときに，ことによると，あなたが相手であったとしたならと考えて，何をするべきか，何とか解決することはできますか。

　注意して欲しいのですが，ディスカッション・プランの最初の部分の主題設定は，その主題をテキストの細部と関連づけてなされているということです。次に，ディスカッションはより一般的なものになり，口論を解決するためのいくつかの方法を評価することを私たちに求めています。最後に，私たちに対してある方策を考察するようにという示唆がされています。このアイディアを思いついたのは，アメリカの政治哲学者ジョン・ロールズが書いた正義についての有名な著作 (2005) によります。

　二つ目の主題を取り上げることにしましょう。ハーバートとハリーが若いときには二人は一緒に生活していて，ほとんどまったく同じ人生を送っていました。しかし，ハーバートが財宝を持ち去った後に，二人の生き方は別々になって，まったく異なる人生を送ることになりました。ほとんどの児童生徒はこう言うはずです。ハリーは確かにハーバートより貧しかったけれど，彼の方がより良い人生を送ったと。そして，おそらくなぜそう考えるのか，もっともな理由を提示してくれるはずです。この例は，どうしてある種の人生が別の人生よりも良くなるのかということについて，より深く考えるための出発点を与えてくれます。次のディスカッション・プランの最初の問いは，それに続いて他の問いが選ばれるというように，ディスカッションを構造化する助けをしてくれています。

ディスカッション・プラン：より良い人生

- ハーバートとハリー、どちらがより良い人生を送ったと思いますか？
- 財産を手に入れたとするなら、あなたの人生はより良くなるかもしれないと思いますか？
- 人生において、もしものときのために高価な所有物を持っている方が良いでしょうか？ あるいは、持っていない方が良いでしょうか？
- 姿をくらませて、完全に一人で生活することで、より良い人生を送るということは可能でしょうか？
- 私たちが自分自身の努力で良い人生を送る際に、他の人はどれくらい大切でしょうか？
- 大人になったとき、自分の家族を持ったとしたら、より良い人生を送ることになるでしょうか？
- 全人生を同じ場所で過ごす方がより良い人生になるでしょうか？ それとも、人生を送るに際して、ある場所から別の場所へと移動し続ける方がより良い人生なのでしょうか？
- 人生が良し悪しは、運に左右されているだけだと考えますか？
- ある人の人生の良し悪しは、その人がどんな人物であるのかに完全に依存していると思いますか？

　私はこのディスカッション・プランには、問いが物語の登場人物から始まり、それがあたかも連続的に進むかのような例を含みました。しかしそれは、次には様々な問いを仕分けることへと進んでいます。つまり、それらの問いは物語の様々な要素を反映している一方で、もっと一般的な種類のものであり、何ら特定の順番で提示されているわけではありません。

　最後に、これは明らかなことですが、ディスカッション・プランは一連の問いとして形式的に作られる必要はないのです。次の連続的ではないプランの例では、それぞれの選択肢のいずれにおいても同じ問いが投げかけられており、児童生徒はどれかを選ぶように求められます。

ディスカッション・プラン：選択について考える

もし選ばないといけないとしたら，次の選択肢のうちどちらの方を選びますか？　また，それはどうしてですか？

- ▶兄弟がいるか，姉妹がいるか，一人っ子である。
- ▶兄弟と一緒に何かをするか，姉妹と一緒に何かをするか，一人で何かをする。
- ▶財宝を探すか，自分で財産を作る。
- ▶心配事がないけど貧乏であるか，金持ちだけど心配事がある。
- ▶大人になって家族を持つか，家族を持たない。
- ▶子どもをたくさん持つか，お金をたくさん持つ。
- ▶ハーバートになるか，ハリーになる。

手続き的な問い：ディスカッションが進むように促す

ここまでで示されてきたように，ディスカッションを行う際に教師が手続き的な問いをするのには様々な理由があります。問いをする必要が出てくるような，より一般的な形の問いをいくつか以下に挙げておきます。

明確にするために問いかける

> - ▶あなたはアメリアと同じことを言っているのですか？
> - ▶ラウラはそう言うことで，何が言いたいのだと思いますか？
> - ▶それはさっきあなたが話したことと何が違うのですか？
> - ▶それはマデリンの質問に答えるのにどんな助けになるのですか？
> - ▶かくかくによって，あなたはしかじかのことを言っているのですか？　それとも何か別のことを言っているのですか？

別の観点を探す

- ▶このことについて，何か別の見方はありませんか？
- ▶別の観点に立つ人を思いつくことはできませんか？
- ▶そういう根拠だけで誰かが反論しているのですか？
- ▶何か別の方法でこのことに取り組む方がよいでしょうか？
- ▶しかじかということはどうでしょうか。あなたにはそれが可能であるように思えますか？

仮定に注意を払う

- ▶ここで私たちはどんなことを当然だと思っているのでしょうか？
- ▶それはあなたが仮定していることですか？
- ▶イリーナがかくかくのことと言うときに，彼女はしかじかのことを仮定にしているのでしょうか？
- ▶ウィルは何か別のことを想定していますか？
- ▶私たちがそのように仮定することは正しいでしょうか？

概念を探求する

- ▶なぜそれは公正なのでしょうか？
- ▶なぜロボットを友だちにすることができないのでしょうか？
- ▶何か他のことが，良い友だちであるということに関わっているでしょうか？
- ▶いたずらと嘘は同じようなものだと言う人がいるのはなぜでしょうか？
- ▶ある行動がたとえ悲惨な結果を引き起こすことになるとしても，

> その行動は正しいと言うことができるでしょうか？

理由と証拠について考える

> ▶しかじかのように考える十分な理由はありますか？
> ▶かくかくは，しかじかを信じる十分な理由になるでしょうか？
> ▶それだけの理由で，かくかくの行動が誤っているということなのでしょうか？
> ▶誰かもっと良い理由を思いつく人はいますか？
> ▶どんな風にその主張の正当化を試みることができるでしょうか？

推論と含意について考える

> ▶オリピアの発言は何を意味しているのでしょうか？
> ▶カッサンドラが言ったことから，そのことは帰結するでしょうか？
> ▶あなたが言っているのは，ラーフルが言ったことからそれが帰結するに違いないということですか？　それとも，帰結するかもしれないということですか？
> ▶それはついさっき私たちが話したことと整合的ですか？
> ▶ジェイクが話したことを受け入れるとするなら，アブドゥルにも同意しなければならないことになるでしょうか？

反論や反対に対処する

> ▶あなたはフェーべに反対する理由を説明することができますか？

> ▶あなたがケルヴィンの例は良い例ではないと考えるのはなぜですか？
> ▶なぜそれが，アレックスが言ったことへの反論になるのですか？
> ▶それはつまり，ジャックは完全に間違っているはずだということですか？
> ▶ポールが言ったことに賛成できない人はいますか？

知的に協働することを探る

> ▶ソフィアが言ったことに付け足したい人はいるでしょうか？
> ▶誰か他にリアムに賛成する人はいませんか？
> ▶結局のところ，サラは正しいと思いますか？
> ▶ハリスンは答えの一部に辿り着いていると思いますか？
> ▶エラを助けることができる人はいませんか？

　どんなときにでも正しい手続き的な問いを，まさに正しいタイミングで出すことができる保証はどこにもありません。実際，特に初めのうちはどうしても機会を逃してしまうことになります。最も良い方策は，児童生徒が話していることに注意深く耳を傾け，自分自身の知性を発揮することです。児童生徒が何か漠然としていて，曖昧模糊としたことを言ったときには，普通は明確にすることが要求されます。児童生徒が根拠のない一般化をしたときには，その一般化は精査される必要があります。ある主張に対する正当化が弱いときには，児童生徒は，それが支持するに値する主張なのかどうかを熟考する必要があります。このような場合，あるいは無数の別の場合に，教師が思慮を十分に働かせて問いかけてあげれば，協働的な探求のプロセスが導かれ，サポートされます。そして，その探求は脱線しなくて済み，さらに深められ統合性を増します。
　また，児童生徒がそういった問いを互いに出し合えるような機会に目を光ら

すことができなければなりません。明確にするために互いに尋ね合い，すでに話したことに付け足したい人はいないかどうかを尋ね，自分たちに賛成できない人はいないかどうか，異なった観点を持っている人はいないかどうかを見て取るよう，児童生徒に求めることができます。児童生徒は互いに理由を要請し合い，推論について尋ねることができるのです。そういった要求が少しずつ紹介され，初期の段階で，児童生徒がこのような問いを出しているときに，教師が児童生徒を褒めてあげれば，児童生徒はすぐに理解し，最初の段階からは想像もつかないような，はるかに素晴らしいディスカッションをしてくれて，教師の努力が報われるというものです。

概念の探求

嘘は単純に間違っている (wrong) とある人が主張し，別の人が本当のことを言った方が良かった (better) だろうと述べているとき，二人は異なった概念的な枠組み内で自分の意見を表明していると言えます。「正しい (right)」と「間違い (wrong)」は，定言的な (categorical) 判断を表現していますが，「より良い (better)」と「より悪い (worse)」は相対的な (comparative) 判断を表現しています。さらに付け加えると，何かがより良い (better) と言うことは，何か良い (good) ことに関わる判断を行うことなのですが，「良い (good)」は「正しい (right)」そして「間違い (wrong)」と同じカテゴリーに属してはいません。ここから分かることは，端的に不一致であるかのように見えるものも，実は概念的にまったく混乱していることがあるということです。児童生徒がこのようなことに対処し始めるようになるためには，自分たちが使っている言語について考えることに慣れさせていく必要があります。

種類の違い

物事を区別する最も初歩的な方法は，種類の違いに関するものです。そして，倫理学ではこのことは概念的な対立によって広く実践されています。私たちは善を悪と対立させ，正しいことと間違っていることを対立させ，公正と不正，

正直と不正直を対立させます。児童生徒がこの枠組みに取り組んでいるときには，それを意識させる必要があります。そして，その方法の一つは，授業中に求められるような概念化のための準備運動から始めることです。次に示すのは，小学校中学年向けの簡単な概念の準備運動です。

活動：ダンベル

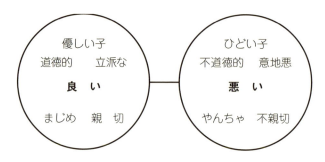

手　順

1. ダンベルの円の中に，対立する二つの言葉を書きます(例の中には「良い」と「悪い」が書かれています)。
2. 児童生徒に対立する二つの言葉のうちのどちらかと同じ意味の別の言葉が思いつくかどうか尋ねます。言葉が提示されたときには，適切な円の中に書き込み，誰かがその言葉の反対の言葉が思いつくかどうかを見ます。戻ったり進んだりして繰り返し，そのクラスから言葉が思いつかなくなるまで続けます。

　こういった語彙の訓練は初歩的なものですが，非常に複雑な概念の探求の入り口になるはずです。もっと複雑なものは後で取り上げます。
　単純にこの方向での一歩としては，言葉の一覧を与えて，児童生徒に分類させることもできます。より年長の児童生徒向けの，より洗練された語彙を用いた概念の訓練が次のものです。

活動：自由か，不自由か

制限　任意　束縛　強制　偶然　不可避　許可　故意
自発　無理矢理　計画的　不本意　解放　義務　欺瞞

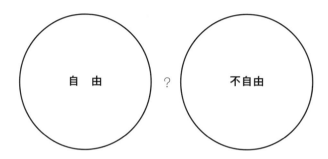

手　順

1．「自由」と「不自由」と書かれたカードを，床に置かれたフラフープの中に置き，「？」が書かれたカードを間に置きます。
2．語彙が書いてあるカードを二人一組に配っていき，その言葉が（いずれかに入る場合には）どちらの輪に入るのかを判断し，その判断を正当化する準備をしないといけませんと指示します。「？」は，自信がなかったり，二人の間で合意できなかったりする場合のためにあります。
3．学級を回っていき，それぞれのペアに，順番が来たら自分たちのカードが属すると思える場所に置き，その判断の根拠を述べてもらいます。
4．その判断が論争を呼ぶものであったり，不確かであったりする場合には，ディスカッションさせましょう。

　語彙のリストを様々な論争を呼ぶケースやシナリオに置き換えると，同じ方法で倫理学の中心的な概念を探求するのに用いることができますので，そういったケースに適用している基準を検討することができるようになります。
　例を一つ考えてみましょう。どのような場合にある人に対してその人の行為

の道徳的責任——つまり賞賛されたり，非難されたり——が生じるのかと，もしもダイレクトに質問をぶつけられたら，ほとんどの児童生徒にとって答えることはとても難しいはずです。しかし，次に挙げるような，よくあるシナリオの中で起こったことから，ある人が非難されるべきかどうか，あるいはどの程度非難されるべきなのかを述べるのに，困難を感じる児童生徒はほとんどいないはずです。例えば，「ハリーはメリッサを驚かすつもりはなかったけれど，背後から押した」。なぜその問題についてそういう風に判断したのかに取り組むことによって，道徳的責任の基準を得ることができるのです。

活動：非難されるべきか？

手　　順

1. 児童生徒に次のように言います。物事が間違った方向に進んでしまったとき，自分の行動に対して道徳的に責任があるとすれば，どんなときで，またなぜなのか，今日はそのことについて考えます。次に，「非難されるべき」と書かれたカードと「非難されるべきでない」と書かれたカードをディスカッションの輪の両端の床に置き，その中間に「？」と書かれた三枚目のカードを置きます。
2. 「？」は，シナリオの人物に責任があるかどうか自信がない，あるいはグループの中で同意が得られない，のどちらかを意味しているということをクラス全体に告げます。
3. クラスを4名のグループに分けて，シナリオを渡していきます。
4. グループには，渡されたシナリオの人物が，起こったことについて非難されるべきかどうか，そしてそれはなぜなのかを判断するようにと伝えます。グループのメンバーの間で同意が成立しないのなら，どんな理由でメンバーの意見が異なることになったのかを説明しないといけません。
5. シナリオについてディスカッションする時間を数分与えます。
6. 黒板に欄を2列作り，一つには「非難されるべき」と書き，もう一方には「非難されるべきではない」と書きます。

非難されるべき	?	非難されるべきでない

ハリーはメリッサを驚かすつもりはなかったけれど，背後から押した。ハリーはメリッサにしたことについて非難されるべきでしょうか？	ナジールは妹の面倒を見ておかなければいけないのに，疲れていたので眠ってしまいました。ナジールは妹の面倒を見なかったことで非難されるでしょうか？
ティムは何としてでも本当のことを言いたかったのですが，あまりにも怖くて言えませんでした。ティムは嘘をついたことで非難することができるでしょうか？	ジェマは，ニッキーが誕生日パーティーに来なかったので，怒りました。しかし，ニッキーは完全に誕生日パーティーのことを忘れていたのです。ニッキーはジェマを怒らせたことで非難されるべきでしょうか？
ヤスミンの新しい子犬はリビングのカーペットの端を噛み切ってしまいました。ヤスミンは子犬をずっと見ていることはできませんでした。ヤスミンはこの出来事で非難されるべきでしょうか？	エミリーは宿題が今日までだということを分かっていませんでした。宿題をやってこなかったことでエミリーは非難されるべきでしょうか？
ピートは，ファングが一人でいじめっ子たちに立ち向かうのを見捨てるべきではない，と分かっていました。しかし，自分の身を守るには見捨てるしかありませんでした。ファングを置いて逃げたことで，ピートは非難されるべきでしょうか？	サマンサはとても気が短く，すぐに手を出してしまうことがよくあります。そのことでサマンサは非難されるべきでしょうか？

7. グループ・ディスカッションを止めます。皆が注意を集中したら，シナリオの登場人物は起こったことに対して非難されるべきでないということで意見が一致したグループに発言を求めます。そのグループの一人にシナリオを読み上げさせて，別の人にその理由を述べさせます。シナリオが書かれたそのカードを非難されるべきでないの場所に置かせ，黒板には重要なポイントを書き留めておきます。

8. 次に登場人物が非難されるべきであるで意見が一致したグループに発言を求めます。シナリオを読み上げさせて，その理由を述べさせて，カードを置きます。重要なポイントは黒板に書き留めておきます。

9. ディスカッションの輪を回っていき，他のグループにもシナリオを読み上げさせて，カードを自分たちが考える場所に置かせていきます。その途中，どのグループにもその判断の理由を手短に報告させて，これまでと同じように理由を書き留めていきます。この段階ではクラスの他のメンバーには邪魔をさせないようにしましょう。
10. スピーカーズ・ボールを導入し，「？」のところに置いたシナリオがあるなら，そのシナリオをどちらかに分類するのを助けてくれる人はいないかどうか尋ねます。そういうケースがなければ，カードが置かれた場所に同意できない人に手を上げるように言います。手を挙げた人の中から誰かを選んで，その人にボールを渡して話してもらいます。
11. 時間の許す限り，不確かなところや同意できないところをできるだけたくさんディスカッションさせます。新鮮な論点が上げられたなら，それも二つの欄に書き留めていきましょう。
12. 授業の最後に，黒板の二つの欄に記されている理由を振り返り，どのような状況なら起こったことに対して道徳的な責任があるのかをまとめるように試みさせてみましょう。

ある人が起こったことに対して道徳的に責任があるかどうかを尋ねることは，因果的に責任があるかどうか尋ねることとは違うということに気をつけましょう。ハリーはメリッサを驚かせました。つまり，ハリーが原因になってメリッサが転んだのですが，このことは，ハリーがこの出来事に対して道徳的に責任があるということとは違います。児童生徒が訴えるかもしれない道徳的な責任の基準には次のようなものが含まれます。つまり，状況に対していくらか義務があること，当然取るべきコントロールを上手くできないこと，合理的に判断する能力や機会があるかないということ，他の人とは違う行動を取れる立場にあること，といったことです。私たちが責任を取らされるかもしれないものには，自分の行為，行為の失敗，行為あるいは何もしないことから生じる結果というものがあり，さらにはどう行動するかに現れる性格すらあります。例として私が使ったシナリオは小学校高学年の子どもたちの日常的な経験に関連して

いますが，例えば，小説の登場人物が行うことと関連させるとか，社会の中で起こることに対する道徳的責任を考えさせるとか，歴史との関連の中で道徳性について考えさせるとかいったように，異なった文脈の中で，道徳的責任について同じような問いを投げかけるのは簡単なことです。

助　言

- ▶何を言わなければならないかがはっきりしているときには，シナリオを一つ，二つ作ってみることは有益ですが，判断を十分に導き出すように練習問題を作ろうと思えば，ディスカッションを引き起こすケースが必要になります。つまり，児童生徒の反応が異なるようなケースを選ぶということ，そして，その状況を慎重に精査し，様々な理由を考慮することが要求されるようなケースを選ぶということです。
- ▶シナリオが短く描写されていると，児童生徒が「状況による」と言って反応することがあります。そして，それは正しいことなのかもしれません。そういった状況では，それを述べた児童生徒に，さらにどんな要素を考慮に入れるべきなのか，あるいは，さらにどんな要素が児童生徒にとって重要なのかを尋ねてあげる必要があります。シナリオに肉づけを行ったなら，次にはなぜ判断がそういった要素に左右されるのかを尋ねる必要があります。その問いへの応答が，判断の基準を伝え，明らかにすることでしょう。

程度の違い

　概念の対立を「白か黒か」と考える考え方とは対照的に，私たちは，その間にあるグレーゾーンを認めることがよくあります。このことはつまり，種類の違いだけでなく，程度の違いも存在するということなのです。より良い行動やより悪い行動について考えてみるだけで，この事実は十分に理解できます。行動を良いか悪いか，そのどちらかという側面だけで見てしまうと，行為の良し悪しという根本的に重要な側面を見落とすことになります。大人の中には，子どもに向かって，道徳とは常に白黒がまったくはっきりしている問題なのだ，というような振りをする傾向の人がいますが，こういうことは，相対的に判断

する能力を児童生徒に育むことの大切さをはっきりと示しています。

　種類の違いのときに行ったように，言葉を順序づける単純な構造をいくつか提示することが役に立つでしょう。私は次に示す，概念のウォーミングアップのことを「ブリッジ」と呼んでいます。なぜなら，それは，それに沿って反対の種類の言葉の間を行き来するプラットホームのようなものだからです。児童生徒がブリッジを使って，本当に程度の違いを区別しているのか，単に順番に言葉を並べているだけなのかは，このブリッジでどんな語彙が使われているのかということと，児童生徒がブリッジをどれくらい上手く取り扱えるのかということによります。

　物事を区別する目的に応じて，違いを種類の違いとして扱うことになるか，程度の違いとして扱うことになるかということは，注目しておくこと価値があります。例えば，満足のいく演技はおそらく，下手くそな演技よりも，良いことでしょう。しかし，下手くそな演技を満足のいく演技とは違う種類のものとして対立させて理解することには根拠があります。例えば，及第を落第と対立させて捉えるように。実際には，適切な状況の下では，ほぼどのような程度の違いであっても，種類の違いだと見なすことができる場合があります。

活動：ブリッジ

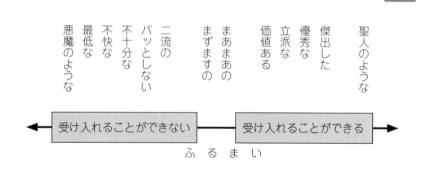

手　順

1．ディスカッションの輪の真ん中の床にテープでラインを引き，上記のよ

うにラベルを貼ります（別の教材を使って違う種類のラベルを使うときには，ラベルが明確に程度の違いを示しているかどうか，反対のカテゴリーを間違えていないかどうかを確認しておきます）。
2．一連の単語をカードに書いておき，二人一組に一つのカードを渡します（その代わりに，クラス全体で二つか三つの例に取り組んでから，二人でペアにさせて単語を考えさせ，それをカードに書かせてみてもいいでしょう）。
3．クラス全体で，ライン上の，置くべきだと思う，だいたいの場所に単語を置かせていきます。
4．一連の単語を児童生徒がライン上に置いた順番に読み上げていき，並べ替えたいと思えるものがあるかどうかをディスカッションさせます。

言葉を概念化するために用いた上記のブリッジの構造を倫理学的な概念や，倫理学的な事柄についてディスカッションする手助けとして使うことができます。言い換えれば，ブリッジは足場のようなものなのです。次の活動は，どうすればそれが可能なのかを示しています。

活動：勇気のあること

私たちの行為の道徳的に重要な側面が多くの場合そうであるように，勇気の発現にも程度の差があります。人々はときにとてつもない勇気を見せますが，臆病や腰抜けほどではなくても，それほど大したことのない勇気を示すこともあります。しかし，とてつもない勇気があるとは正確にはどのようなことなのでしょうか。すごい勇気を示すことは単に無謀であることとどのように違うのでしょうか。この活動は勇気の基盤を探求し，何が勇気の度合いや程度を決めているのかを探求するために作られています。

手　順

1．必要なら，絶対的な判断と相対的な判断の違いについてディスカッションしてみましょう。小さい子どもたちには「白か黒か」という判断と

←―――― 勇気がない ――――――――――― 勇気がある ――――→

サイドは大きくて毛の生えた蜘蛛を捕まえて，家の外へ追い出したが，蜘蛛に怯えることはなかった。	ホリーはお医者さんに注射されることに緊張していたが，平気な顔つきをして，たじろぐことはなかった。
いつ誰が角を曲がってくるか分からなかったが，トムは壁一面に落書きをスプレーして，友達と一緒に逃げた。	アハメドは飛び込みが上手だ。小さいときからずっと練習してきた。ほとんどの子が挑戦できない，スイミングプールの一番高い飛び込み台から飛ぶことができる。
ウルスラは新しく来た女の子がいじめられているのを止めようと決心した。そのことで遊び場のたくさんの人を敵に回すことになると知っていたけれど。	オスカーの友だちは放課後に煙草を吸っていた。仲間に入れてもらえなくなるのが怖かったので，勇気を振り絞って煙草を吸った。
シェルは木の高いところにいる自分の猫を助けた。それはとても危険なことだったが，彼は危険だとは思っていないようだった。	クロエは，捕まるかもしれないことは分かっていたが，スーパーでキャンディーを盗むことを止めることができなかった。

「様々な濃さの灰色」を認める判断と呼ぶのがいいでしょう（このディスカッションをする簡単な方法は「良い」と「悪い」を「より良い」と「より悪い」と対比することです）。

2．児童生徒に，今日は人々が行う様々な事柄のうちにどれくらい勇気が含まれているのかを決めるために，「様々な濃さの灰色」を判断することにしますと伝えます。ディスカッションの輪の床にテープで線を引き，「勇気がある」と「勇気がない」と書かれたカードを線の端に置きます。この配置は勇気の程度を認めるものであって，二つのカテゴリーを表しているわけではないことを明確にしておきます。

3．クラスを3人か4人のグループに分けて，それぞれのグループに上記のシナリオの一つが書かれたカードを渡します。

4．2，3分くらい，シナリオについてディスカッションさせ，どれくらい勇気があるかを決めさせます。自分たちの判断を正当化する必要があることも伝えておきます。グループの中で意見の一致が取れないとしても，ど

うしてそうなのか理由を述べる必要があります。
5．クラス全体のディスカッションに戻り，自分たちのシナリオが勇気のスペクトラムの勇気がある側に属すると決めたグループがあるか尋ねて，その場所にカードを置かせて，その判断の理由を言うようにさせます。その理由を重要な点として黒板に記録します。この段階ではディスカッションを進めてはいけません。それは後で行います。
6．同じ事を，シナリオが，勇気がない側に属すると考えたグループにも行います。グループの理由を記録します。
7．他のすべてのシナリオについても同じ事を行い，簡単に理由を述べてさせていきます。グループのメンバーの誰かがカードを置く場所に同意できないのなら，その理由を述べるようにさせて，そのカードを端にどけます。
8．ここで，クラスの他のメンバーに，シナリオを決めたグループを助けて問題を整理できるグループがあるかを尋ねて，シナリオの配列の仕方について異論があるかどうかをディスカッションさせます。児童生徒がディスカッションに入っていき，同意できないところを探求し始めたなら，スピーカーズ・ボールを使いましょう。ボールは話す人から話す人へと渡され，話し，聞くことに関して適切な行動を取る手助けをするために使うことを確認しておきましょう。
9．時間が許す限り，意見の一致のないところをディスカッションしていき，ディスカッションに焦点を与える必要があるときには介入します。
10．授業の最後に，児童生徒に自分たちが上げた理由を振り返らせて，ある行為が他の行為よりも勇気がある，あるいはより勇気がないことを決める，何か一般的な条件や考察があるかをもう一度考えさせます。

児童生徒が，勇気の程度の大小を示すにはどんなことが関与しているかを良く理解したなら，自分でその例を出させるだけでなく，それが勇気の例になるのはなぜなのかを説明させるようにしてみましょう。上記のフォーマットと同じものを使って，自分自身の例をさらなるディスカッションの基礎として使うことすらできるようになるでしょう。

私が勇気を選んだのは，勇気が道徳に関係する特性——言うまでもなく，伝統的な道徳的徳であり，これは程度の差を許すものです——の例を提示してくれるからなのです。私が勇気で扱ったような例は，協働的な倫理学的探求の目的に適った，こういった種類の活動をうまく作り上げていく手引きになることでしょう。このような活動によって，児童生徒は，程度が問題になる道徳の領域におけるすべてのものに対して，その理解を深め，その判断を育成することになるのです。児童生徒が，ある社会的な取り決めがどの程度公正であるかを考えているかどうか，正直の度合いを吟味しているかどうか，あるいは，動物たちを利用する方法がどの程度受容可能かを考えているかどうかなど，このような多種多様な主題は，この種の探求にうってつけのテーマなのです。

　次のような幹細胞についての調査の例があります。最近の遺伝子工学について勉強している高校生なら，以下の実践のうちどれが他のものよりも受け入れがたいか，そして，なぜ受け入れがたいのかをディスカッションすることができるはずです。

> ▶成人の幹細胞を医療目的で保存すること。
> ▶幹細胞を作るために人間の胚のクローンを作ること。
> ▶体外受精における余剰胚から，幹細胞を保存すること。
> ▶提供された卵子の遺伝物質と皮膚細胞あるいは別の細胞の核とを取り替えることで，幹細胞を作ること。

推論する（Reasoning）

　倫理学的な思考で最も大切なことは，入手できる証拠から適切に推論すること，そして，人々がどんな意見なのか，各々の提案が何を意味するのかを理解することです。教育上の課題は二つあります。まず第一に，児童生徒に推論してみるよう励ます必要があります。もちろん，児童生徒は普段から推論しています。しかし，誰もが知らず知らずのうちにやっている推論と，訓練された推

論とでは大きな違いがあります。探偵が犯行現場で状況を見て取り，手がかりを探しているのを想像してみれば，その違いが分かるでしょう。探偵になるには推論する習慣を身につける必要があります。それと同様に，児童生徒もまた自分も推論の当事者だと考え，倫理学における推論する習慣を養うのでなくてはなりません。そのためには，教師が体系的に注意してあげることが必要です。このようにして，児童生徒に適切な推論をするよう教えることが第二の教育的課題となります。すなわち，児童生徒が必要なときに推論を行う習慣を持つようにするだけではなく，さらに，児童生徒が，推論するにあたって，結論を急いだり，初歩的なミスを犯したりしないよう手助けする必要があるのです。

あわてて即断してしまうということは，もっと専門的な言い方をすれば，不当な帰納的推論をしてしまうということです。帰納的推論とは，その結論を導く根拠や証拠（論理学では前提と呼びます）が論理的保証を与えずに，その結論が真であると想定されるような何らかの理由しか与えないような推論のことです。（結論を支持する推論のことを論証（argument）と言いますが）帰納的推論による論証の場合，前提に基づいて実質的に確かだと言えることもあれば，ほんのわずかな支持しかできないこともあります。前提から正当だと言えることを明らかに超えた結論を下してしまうならば，そのような帰納的推論は不当なものになってしまいます。児童生徒はこのような推論に注意する必要があります。帰納的推論もまた正当な一般化として広く認められています。個々の場合に，帰納的推論が正当化されるかどうかについては，この一般化に帰納的な裏づけがあるのか，それとも，あまり裏づけがないのか，それどころか逆の証拠によって反証されているのかを見て取る必要があります。

帰納的推論とは対照的に，演繹的推論は，前提が真であり，数学の場合のように，推論を間違わなければ，結論が真であることを論理的に保証します。演繹的推論の間違いは形式的誤謬と呼ばれています。それが「形式的」と呼ばれるのは，演繹的推論が妥当かどうかは推論の形式（form）次第であって，推論される事柄に付随する論理外の事実にはよらないからです。形式の妥当性についての学習活動にはあまり紙幅を避けませんが，演繹的推論に見られる最も一般的な間違いに注意を向けていただければ，それで十分でしょう。

最後に，児童生徒は推論するにあたって，非形式的誤謬として知られているものもまた避けなくてはなりません。これについては最後のところで，かなりひどいタイプの誤謬の例をいくつか取り扱うことにします。

条件的推論

推論には色々な言い回しがあります。例えば，「……であるから，……ということになる」，「……だと仮定すれば，……と考えることができる」，「……なので，……と結論できる」，「……である。それゆえ，……」などがそうです。しかし，探求の場合，推論を教える最も自然なやり方は「もし……なら，そのときは……」という条件文を用いることです。幼い児童生徒でもこの構文はよく知っているでしょう。この構文には日常的な用法がいろいろあり，例えば，約束したり，警告したり，取引したり，予測したり，計画したりする際に用いられます。けれども，さらに加えて，「もし……なら，そのときは……」という条件文は特に探求に適しています。というのも，「もし……なら」の部分で命題や提案が示され，そこからの帰結が「そのときは……」の部分で引き出されるからです。皆で協働しながら倫理学的探求をする際には，提案を評価するために，その提案の論理的な帰結やありそうな帰結を導き出します。ですから，「もし……なら，そのときは……」という構文には，倫理学的探求のこのような基本的な特徴が反映されているのです。

推論を児童生徒に教えるときには，推論を分かりやすく目に見える形式にすることが大切です。次のものは小学校低学年に条件文を教えるための活動です。

活動：もしも……なら，そのときは……

この活動は，「もしも……なら，そのときは……」，あるいは条件文による推論形式を児童生徒に教えるものですが，この推論は，後で児童生徒が論理的帰結やありそうな帰結について考える際に，用いることになります。児童生徒は，演繹的推論に取り組み始めると，論理的帰結という考え方に慣れ親しむようになります。同様に，帰納的推論に注意するようになると，ありそうな帰結

シドニーにあるスタンモア公立小学校の1年生児童の写真です。

に注目することができるようになります。

手　順
1. 児童生徒をもしも……ならグループとそのときはグループに分けて，もしも……ならグループの前に「もしも……なら」というカードを，そのときはグループの前に「そのときは」というカードを置きます。
2. 予行演習は次のように始めます。まず，もしも……ならグループの誰かにボールを渡して，「もしも私が嘘をついたなら……」と言ってもらいます。それから，そのときはグループの中の人にスピーカーズ・ボールを転がして，その人に「そのときは」と続けて，文を完成してもらいます（そのときはグループの児童生徒には，「もしも……なら」の文を繰り返してから，「そのときは」と言うようにさせます。また，条件文という形式の用法を強調するために，「そのときは」という表現を実際に用いるよう念を押します）。

3．「もしも……なら」グループで，他にもやってみたい児童生徒がいたら，やったら良い（あるいは，悪い）と思われる行動を考えさせて，「もしも……なら」を用いた別の文を作るように言います。
4．それから，予行演習のときと同じように，その児童生徒は，そのときはグループの中で手を挙げている児童生徒に向けて，ボールを転がします。
5．「もしも……なら」グループの誰か別の児童生徒にボールを戻し，活動を続けます。

次の活動は，〈ディスカッションの輪〉の中で，前の条件文の帰結を次の条件文の前件とするという仕方で，前の文に次の文を積み重ねていくという，より進歩した活動です。

活動：「もしも……なら，そのときは……」続き

手　順

1．床の上に「もしも……なら」のカードと「そのときは」のカードを置き，〈ディスカッションの輪〉を作ります。児童生徒に「もしも……なら，そのときは……」という形の文について思い出させます。
2．一人の児童生徒に「もしも……なら」という節（例えば，「もしも私がいやな人なら……」）を与えて，「そのときは」の部分を完成させます。そして，その児童生徒に文全体を言わせます。
3．最初の児童生徒が「そのときは」で言った節に含まれる言明を「もしも」という節にして，新しい「もしも……なら，そのときは……」という文を作るように，輪の次の番の児童生徒に指示します（例えば，最初の児童生徒が作ったのが「そのときは，誰も私の友だちになりたがらないでしょう」という節であれば，次の児童生徒は「もしも誰も私の友だちになりたがらないなら」で始めて，それに続く「そのときは……」を完成させます）。その際，児童生徒には必ず「そのときは」と言うようにさせます。
4．同じ手順で続けていきます。

(注記) 当たった児童生徒がなかなか文を完成できないようであれば、その児童生徒を助けることのできる人はいないかと尋ね、答えを提案してもらいます。それから、元の児童生徒に戻り、言われたことをもう一度言わせてから、その提案を使って、「もし……なら、そのときは……」という文を完成させるように指示します。

帰納的推論

「羹に懲りて膾を吹く」という諺にあるように、私たちは過去にとまどったことのある状況に直面すると、用心するあまり失敗してしまうのも仕方のないことかもしれません。しかし、証拠に基づいて答えるようにして、不当な結論を避けるように努めなくてはなりません。とはいえ、若くて、よりどころとなる人生経験が乏しければ、不当な結論を避ける能力は明らかに限られています。すると、結論を急いだり、過度に一般化してしまったりすることもありえるでしょう。だからこそ、児童生徒にそのような間違いをしないように注意をうながし、間違ってしまったときに、それに対処できるよう手助けする必要があるのです。

◆結論を急ぐ

児童生徒が不当な帰納的推論をしないよう学ぶのを手助けするよい方法は、疑わしい結論を引き出しているようなシナリオを検討させることです。以下の練習は小学校中学年のグループ用のものです。

練習：結論を急ぐ

以下の例での推論は結論を急いでいるもしれません。それについて何か説明を思いつくことはできますか。

1. タリアとグレースは親友でした。やがて、タリアは、グレースが放課後にミアの家へ通い始めているのに気づきました。そのことから、タリアは

グレースとはもう親友ではないと考えました。
2．ジェイはゲームボーイをカバンの中に入れておきましたが，休み時間の後にはなくなっていました。ゲームボーイをカバンの中に入れたのを知っているのはアンジェロだけでした。だとすれば，ゲームボーイを盗ったのはアンジェロに違いありません。
3．ジェシカはイザベルに，ラクランのお弁当を隠したのは自分だと言いました。その後で，ジェシカは，イザベルが何かをルーシーにささやいているのを見ました。ジェシカが二人をじっと見詰めているのに気づくと，ルーシーは顔をしかめました。ジェシカは，イザベルがルーシーにお弁当の件について話してしまったに違いないと考えました。
4．エリザベスは，隣の人が，飼っている猫の世話をしていないと考えています。ちゃんと世話をしているなら，その猫がいつもわざわざフェンスを乗り越えて，フラッフのエサを食べに来るなんてことはないはずです。
5．昼食のときに，ザックは，ウイルソンさんがモンタギュー先生の運転する車に乗って校外に出て行くのを見かけました。二人は付き合っているに違いありません。

以下のものはもう少し年長のグループのためのものです。

練習：何を仮定しているか？

次のシナリオでは，疑わしい仮定に基づいて結論を下してしまっています。どんな仮定か指摘して下さい。
1．ジェームズは，学校の裏の壁に落書きをスプレーしたのはダニエルに違いないと考えました。学校でそんなことをしそうなのはダニエルしかいないからです。
2．ニコラスは，ガブリエルが自分の父親が警察官だと嘘をついているに違いないと考えています。ニコラスは，ガブリエルの父親が制服を着ずに，

パトカーの後部座席に乗っているのを見かけたからです。
3．ゾーイはライリーが約束を守るとは信じていませんでした。というのも，前に一度ゾーイがライリーを当てにしていたのに，ライリーはゾーイをがっかりさせたからです。
4．ハンナは，出回っているうわさはジョージアが出所に違いないと考えています。というのも，家族以外でハンナの傷のことを知っているのはジョージアだけだからです。

◆一　般　化

　一般化はしないようにと言われることもありますが，それは必ずしもよいアドバイスではありません。言うまでもなく，不当な一般化は避けるべきです。信頼できない事例やあまりにも少ない証拠に基づいて一般化したり，過度に一般化すること，反対の証拠を探さずに済ませてしまうこと——これらのことは非難してしかるべきです。しかし，一般化が証拠に基づく限りでは，それは帰納的推論の成果です。逆に，それが十分な裏づけを欠いているならば，不当な帰納的推論ということになります。

　倫理学の領域では，偏見やステレオタイプを含んだ一般化のように不当な一般化に否応なく関わらざるをえません。児童生徒が特定の民族的背景を持った人々について一般化をしたり，男子が女子についてステレオタイプ的な見解を持つようになることがありますが，証拠に基づいて帰納した上で，そのような見方をするようになったということは，なるほど，ありそうにないことです。むしろ，そのような子は，自分の社会的環境からそのような見方を手に入れて，それを個別の状況に当てはめて，そう言っているというのが実情です。そうであっても，児童生徒は，そのような見方を，いく分かは証拠に基づいていると思われる結論として取り扱ってみることで，その見方がどれほど支持するに値しないかを容易に示すことができます。このような場合，役に立つ方策は反例を探してみることです。

練習：そんなはずはない！

以下のような一般化の反例を少なくとも一つ見つけましょう（反例とは主張に反する事例のことです）。
- ▶ メガネをかけている人はオタクだ。
- ▶ 女の子はファッションやボーイ・バンドのことしか話さない。
- ▶ コンピュータ・ゲームをするのは男の子だけだ。
- ▶ 太った子は怠けものだ。
- ▶ 勉強ができる子はスポーツが苦手だ。
- ▶ スポーツが得意な子は勉強が苦手だ。

　一般化する際の問題の一つは，主張が例外なく当てはまるのか，それとも，一つのしきたりにすぎないのかをはっきりさせるのに無頓着な場合がよくあるということです。あなたの主張はステレオタイプではないかと問い詰められても，自分は厳密に例外のないような普遍的一般化を主張しているわけではないと言い逃れすることはいつでも可能です。こうして，明らかな反例があっても言いつくろって，それでも自分の主張は一般的には当てはまると言い張り続けることができるでしょう。たとえそのような場合でも，主張をする以上，それを正当化する責任は主張する人にあるのだということは指摘しておく必要があります。他の人がその主張が偽であると証明できないからといって，その主張が自動的に真であるというわけではありません。そのようなやり方は無知に訴える論証と呼ばれ，間違ったやり方であることがよく知られています。これについては157頁から158頁で論じています。不当な一般化に正面から対決する最もいいやり方は，主張している人に証明を求めることです。言い換えれば，主張している人に，十分な根拠を示し，もっともな理由のある帰納的推論をするよう求めることです。偏見や流通しているステレオタイプから一般化をしてしまうと，今度は自分が苦労してその証拠を示さなくてはならなくなるのです。

　推論という点では，「すべてのAはBである」は「もしあるものがAであれば，それはBである」と論理的に同等だということは指摘しておく価値があり

ます。したがって，「もしメガネをかけていたら，その人はオタクである」と主張すれば，それは「メガネをかけている人はすべてオタクである」という主張と同等なのです。このことを指摘され，反例を示されたら，今度は，主張している側は自分の主張を「もしメガネをかけていたら，多分オタクであろう」といった主張に後退せざるをえなくなります。このような場合，主張している側は「そんなことは誰でも知っている」とか，「間違っていることを証明しろ」とか言ってはなりません。主張をするならば，証拠が必要になります。ステレオタイプや，偏見に基づく主張の場合，正当な帰納的推論がなされてはいないと判断して構いません。

　結局，疑わしい一般化を教室で取り扱う際には三つの方策があることになります。

1. その一般化は例外を許さないような種類のものですか。そして，もしそうでないのならば，何を主張していることになりますか？
2. もし，その一般化を厳密に普遍的なものであると主張するのであれば，反例は探してみましたか？
3. もし，その一般化がよくあることであるという主張である場合，その証拠は何ですか？

一般化が証拠ではなく，むしろ暗黙の前提に基づくようになると，ちょっとした出来事や体験談でたやすく確証されたと見なされてしまいがちです。それが先入観や偏見の本性です。しかし，日の光の下でこうした一般化を吟味してみると，きちんとした基礎づけがなされてはいないということが分かります。したがって，このような不愉快な主張に対して理由を求めるのに躊躇する必要はありません。むしろ，そのような主張を非難することで押さえつけようとすれば，どういうことになるのかをもっと心配しなくてはなりません。もしかしたら，理由だけではそのような主張を完全には駆逐することはできないかもしれませんが，そのような主張を目の届かないところへ追いやってしまうのではなく，道理に訴えかけるとか，道理を高めていく方がはるかによいことです。

演繹的推論

演繹的推論の話題に移ることにしましょう。演繹的推論の基本的な特徴は，推論に間違いがなければ，出発点となる命題（前提）が真ならば，導き出される命題（結論）もまた真であることが論理的に保証されるということです。次のものは，この種の推論を学ぶのに用いることのできる小学校中学年用のレッスンです。

活動：だから

「だから」というレッスンでは，児童生徒は，二つの命題からどんな結論を導き出すことができるのかを練習します。

手　順

1. 〈ディスカッションの輪〉の中央に「だから」という結論カードを並べます。そして，ペアになった児童生徒のそれぞれに命題が書かれた前提カードを渡します。
2. 自分の持っている命題を，他のペアが持っている命題とうまく合わせて，その二つの命題から，床の上の「だから」という命題を結論づけることが

だから，いくつかの嘘は他の嘘よりも悪い。	だから，マックスは嘘をつくはずがない。
だから，ヘイリーは他の人に親切ではない。	だから，倹約家だからといって，けちなわけではない。
だから，ヤコブは嘘をつくのが嫌いだ。	だから，はずかしがりやでも親友ができる。
思いやりのある人には親友ができる。	正直な人は嘘をつかない。
嘘の中には他の嘘よりも害をもたらすものがある。	倹約家の中にも親切な人がいる。
ヤコブは正直な少年だ。	より害をもたらす嘘はより悪い嘘である。
はずかしがりやでも思いやりのある人がいる。	けちな奴は誰も他の人に親切ではない。
マックスは正直な人だ。	親切な人は誰もけちではない。
正直な少年は誰でも嘘をつくのが嫌いだ。	ヘイリーはけちな奴だ。

できるようにする，と児童生徒に言います．
3．各々のペアに順に命題を読み上げて，輪の中にいる皆が読めるようにカードを掲げておくように言います．教師が「スタート」と言うまでは，読み上げたカードを掲げておくこと，そしてうまく合った二つの命題を，床の上の「だから」命題と一緒に並べて置く，と児童生徒に言います．
4．クラスの皆が命題をすべて読み上げたら，児童生徒に少し時間を与えて，準備ができたのを見計らって，教師は「スタート」と言います．
5．児童生徒は席に戻って，準備ができるまで待ち，次いで，自分たちのしたことを検討し，矛盾や難しい点について話し合います．

◆適切な演繹的推論と適切でない演繹的推論

演繹的推論がうまくいかないとしたら，二つの可能性があります．推論の前提のうち，一つか二つとも真ではないか，あるいは，推論が間違っているかです．どれほど推論が正しくても，前提が真でなければ，正しい結論に至る保証はありません．しかし，ここで目を向けたいのは，推論の際に犯す過ちをどうやって見つけ出すかです．教室での事例から始めてみましょう．このクラスはマシュー・リップマンの『エルフィー』(2003年) という物語を読み始めました．その時点では，エルフィーが誰なのかはっきりしていません．エルフィーは小さな女の子かもしれません．妖精かもしれませんし，何かの動物かもしれません．この問題について話し合う中で，ラビーは，「エルフィーはうさぎである」ことを証明しているように思われる箇所を物語の中に見つけます．けれども，リースとトリスタンは反対の意見です．二人はラビーの推論の間違いを見つけています．二人の考えに従ってみましょう．

> ラビー：エルフィーはうさぎだと思います．
> 教　師：ラビー，なぜエルフィーはうさぎだと思うのですか？
> ラビー：エルフィーはボールのように丸まって眠るとここに書いてあるからです．そして，うさぎも同じようにします．

> リース：ラビー，それだけでは証明になりません。
> ラビー：私は，エルフィーがうさぎだという証明になっていると思います。
> リース：いいえ。子猫はどうですか。子猫もやっぱり丸まって眠るけど，だからといってうさぎではありません。
> トリスタン：私もリースの意見に賛成です。私がボールのように丸まって眠っても——私がうさぎではないのは確かだからです。

ここでのリースとトリスタンの推論を整理するならば，彼らは，ラビーが次のように主張していると見なしています。

> エルフィーはボールのように丸まって眠ります。
> うさぎはボールのように丸まって眠ります。
> だから，エルフィーはうさぎです。

それに答えて，リースとトリスタンは，同じ推論の形式を用いれば，子猫はうさぎで，トリスタンもうさぎであるということをラビーが受け入れざるをえないということを示します。トリスタンの場合であれば次のようになります。

> トリスタンはボールのように丸まって眠ります。
> うさぎはボールのように丸まって眠ります。
> だから，トリスタンはうさぎです。

トリスタンがうさぎであるというのは明らかに間違いですので，ラビーの推論はどこかで間違っています。ラビーの推論が間違っていることを示すために，リースとトリスタンはラビーと同じ形式の推論をやってみせました。このような正し方を反例と言います。この言葉は不当な帰納的推論を論じたときに出て

きました。ここでの反例の用法から，不当な演繹的推論があるということが分かります。

この練習は，反例を示すことで推論の間違いを見つけ出す経験をさせるのに用いることができます。先ず，教師は，必要なことを説明するために，ラビーの推論を示した上記の図を用いる必要があります。その後に，クラスでの話し合いに引き続いて，児童生徒にペアになって練習するように指示します。

練習：適切な推論と適切でない推論

以下の推論には必ずしも結論を導き出すことができない事例が含まれています。それがどれだか分かりますか。結論を導き出すことができない場合には，リースとトリスタンがやったように反例を考えることで，結論を導き出せないことを示して下さい。

1. ミシェルは本当ではないことを言った。
   本当ではないことを言うことは，偽のことを言うことである。
   だから，ミシェルは偽のことを言った。
2. コーリーは公正でないことをした。
   自分の分よりもたくさん取るのは公正ではないことをすることだ。
   だから，コーリーは自分の分よりもたくさん取った。
3. エリンは慈善のために一番多くのお金を集めた。
   一人の赤毛の人が慈善のために一番多くのお金を集めた。
   だから，エリンは赤毛だ。
4. ヴィクトリアは本当ではないことを言った。
   嘘をつくのは本当ではないことを言うことである。
   だから，ヴィクトリアは嘘をついた。
5. 正直な人は信頼できる。
   デズモンドは信頼できない。

> だから，デズモンドは正直な人ではない。

(注記) この練習で(2)と(4)は適切ではありません。(2)の場合，〔結論の部分の〕「自分の分よりもたくさん取ること」の代わりに，何らかの公正でないことを入れて，コーリーがそのようなことをしたと結論づけることができます。(2)と同じ問題ですが，児童生徒にとっては(4)の方が難しいでしょう。〔結論の部分の〕「嘘をつくこと」の代わりに「言い間違いをすること」を入れて，「ヴィクトリアは言い間違いをした」とすることができます。言い換えれば，ヴィクトリアが，嘘つきと同じように，真ではないことを言ったからといって，嘘をついたとは限りません。ヴィクトリアは単に言い間違いをしただけなのかもしれません。

　反例を示す方法は，ある推論が間違っていることを示す一つの技法です。反例は，前提は真であるが，結論が誤っているような事例を示すことによって，推論が間違っていることを示します。(2)の場合にように，コーリーは公正でないことをしたかもしれません。割り当てよりもたくさん取る人は公正でないことをしているということは真であるにしても，コーリーがやったのは割り当てよりもたくさん取ることではなかったのかもしれません。もしかしたら，コーリーがやったのは，それ以外にもたくさんある公正でないことの一つだったかもしれないのです。

　上で述べたように，(例えば，「二つの前提が真であって，結論が偽であることは論理的に不可能である」という風に)演繹的論証の妥当性はその形式に依存しています。妥当な演繹的推論には，児童生徒が知っておいた方がよい基本的な形式が二つあります。推論の形式について論じているということを強調するために，二つの形式は記号を用いて表記してありますが，それぞれの記号には個々の命題が入ることになります。そして，推論と結論を区別するために，前提の下に線が引いてあります。これらの形式はかなり古い時代に由来するもので，今でもラテン語の名前で呼ばれています。

モードゥス・ポーネンス	モードゥス・トレンス
〔前件肯定式〕	〔後件否定式〕
もしPなら，Q	もしPなら，Q
しかるに，P	しかるに，Qでない
ゆえにQ	ゆえにPでない

　モードゥス・ポーネンスとモードゥス・トレンスが妥当な形式であることはたやすく証明することができます。というのも，PやQにどんな命題を入れても，前提は真であって，結論が偽となるようにすることはできないからです。しかし，これを形式的に証明するのは回り道ですから，論理的直観に従って，これは正しいということにしておきます。

　これらの形式になっていることがはっきりしていなくても，これらの形式に基づいて推論することはよくあることです。以下のような議論の一部を例にして考えてみましょう。

> ジャスティン：あいつはなぐられても当然だ。
> ジョージナ：ジャスティン，それは違う。
> ジャスティン：いや，そうだね。だって，最初になぐってきたのはあいつだから。
> ジョージナ：ジャスティン，本当にそうかな。誰かからなぐられたからといって，その人をなぐってもいいということにはならないよ。

この話し合いでは，ジャスティンは次のように論証しているように見えます。

> 誰かが他人をなぐったならば，なぐった人はなぐられて当然である。
> あの男は私をなぐった。

> その男はなぐられて当然である。

　言いたくはないのですが，ジャスティンの推論に間違ったところはありません。ジャスティンは古き良きモードゥス・ポーネンスに基づいています。問題があるとすれば，ジョージナが指摘しているように，ジャスティンが「誰かが他人をなぐったならば，なぐった人はなぐられて当然である」ということを暗黙裡に前提している点にあります。推論のあり方を明示することで，ジャスティンの推論がこのような前提に基づいていることを明確にすることができます。そして，この前提が正しくなければ，ジャスティンの結論もまた正当化できないということは明らかになります。

　このように物事を明示することで，論証が依存している一般化にも注意することができます。このようなことに注意することはとても重要です。というのも，日常生活で正当化のために引き合いに出す一般化は精査してみなくてはならないことがよくあるからです。すでに述べたように，疑わしい態度や価値に依拠した説明の場合，このことが特に当てはまります。人種差別やその他の偏見に訴える説明はよくある事例を提供してくれます。例えば，子どもが「新しく来た転校生は移民だから「馬鹿なこと」をする」と言うとき，この主張は「すべての移民は馬鹿だ」という偏った仮定に基づいているように思われます。しかし，実際，この仮定が正しくないことは簡単に示すことができます（「すべての移民は馬鹿だ」という一般化は論理学的には「ある人が移民であるならば，その人は馬鹿だ」と等価です）。

　暗黙裏に前提するだけでなく，結論を出すことを相手に任せてしまうこともあります。次のものは折に触れて私の父が使ったものです。

> 父：お前の言っていることが本当ならば，私は猿の叔父だってことになっちまう。

　父は，私が，子どもであっても，ここから明らかな結論を引き出すようにさせたのでした。要するに，父は，私が生まれながらにしてモードゥス・

トレンスを使って推論することができるということを当てにしていたのです。

> お前が私に言っていることが本当ならば，私は猿の叔父だ。
> 明らかに，私は猿の叔父ではない。
> ーーーーーーーーーーーーーーーーーーーーーーーーーーー
> だから，お前が私に言っていることは本当ではない。

　倫理学的な探求においてモードゥス・トレンスを用いて推論する場合，提案そのものに疑問を投げかけるためには，一般的に，提案に含まれている疑わしい含意を探すことになります。ここに一つの例があります。

> ジョエル：いつもできるだけ多くの人に危害を与えないようにすべきです。
> 教　師：そうすることが正しいということですか？
> ジョエル：はい，そうです。それは，災害などの場合に，何をすることが正しいかを決める一種の規則のようなものです。
> ミーガン：たいていの場合，それは正しいかもしれません。けれど，ジョエル，あなたの言ったようにいつも正しいというわけではありません。
> ジョエル：なぜですか？
> ミーガン：えっと，その場合，できるだけ多くの人に危害を与えないようにするというのであれば，一人の罪のない人に意図的に危害を与えることが正しいことになってしまいます。例えば，クラス全員が罰を受けないで済むためなら，罪のない子に迷惑をかけてもいいということになってしまいます。

　ここで，ミーガンが示しているのは，ジョエルの規則には望ましくない含意があり，その含意は受け容れることができないと考えていること，それゆえ，

その規則そのものを受け容れることができないということです。ミーガンがどのような推論をしているか考えて下さい。児童生徒にも同様にさせることができます。次のものは中学生向けの練習です。

練習：どんな形式の推論か？

以下では推論の形式を明示することをやってみましょう。どれがモードゥス・ポーネンスで，どれがモードゥス・トレンスでしょうか。

推論の形式を明示する際に忘れてはならないのは，推論が前提で始まり，結論で終わっているとは限らないということです。違った順序で推論がされているかもしれません。また，結論を引き出すために必要であっても，実際には言われていないような推論の残りの部分を自分で補わなくてはならないこともあるかもしれません。

1. もし，あなたが約束を守らなければ，誰もあなたのことを信頼しない。アンガスは約束を守らないので，誰もアンガスのことを信頼しないのは，こういう理由からだ。
2. ミラがジャスミンに対しても公平であったら，ミラはジャスミンにコンピューターの順番が回るようにしてあげただろう。けれど，ミラはそうしなかった。だから，ミラは公平ではなかった。
3. ステファニーはジョスリンの親友だとは言えない。もし，親友であれば，自分たちの秘密だと言った個人的なことを言いふらしたりはしない。けれど，ステファニーはそのようにした。
4. アーロンが他の多くの人と違った見方をするのは本当だが，それは彼が真面目に考えているからである。だから，彼のことをからかったりすべきではない。

先ほど，妥当な推論には2種類あるということを考察しましたが，それには2種類の妥当でない推論が対応しています。これらの推論が妥当しないという

ことは，この形式の論証では，前提が正しいからといって，結論まで正しいと保証されてはいないということを簡単に見て取ることができるからです。したがって，これらの形式は形式的誤謬として知られています。

前件否定の誤謬	後件肯定の誤謬
もしPなら，Q	もしPなら，Q
しかるに，Pでない	しかるに，Q
ゆえにQでない	ゆえにP

次のものは前件否定の誤謬の事例です。

> 朝，黄金がなければ，粉屋の娘はわらから黄金を紡ぎ出すことができない。
> しかし，朝，黄金がある。
> _____
> だから，粉屋の娘はわらから黄金を紡ぎ出すことができる。

（注記） PとQに代入される言明が否定文であり，それらの否定（「Pでない」や「Qでない」）が肯定文になったとしても，問題はありません。必要なのは，最初の前提のPやQに何が代入されても，第二の前提でPが否定され，結論でQが否定されているということです。

　この場合，前提から結論を導き出すことができません。というのも，前提が正しくとも結論が間違っている可能性があるからです。ご承知のように，この推論は黄金が別の仕方でもたらされたという可能性を見過ごしています。つまり，この推論は「黄金に変えたのはルンペルシュティルツヒェン（Rumpelstiltzchen）という小人だ」という要素を無視しています。

　同じ結論を別の仕方で論証しようとしても同様な問題が生じます。

> 粉屋の娘はわらから黄金を紡ぎ出すことができるならば，朝，黄金

> があるだろう。
> 朝，黄金がある。
> ─────────────────────────────
> だから，粉屋の娘はわらから黄金を紡ぎ出すことができる。

　ここでもまた，先ほどとまったく同じ理由で，前提は正しくとも，結論が間違っている可能性があります。この推論は無効です。この推論は，後件肯定の誤謬を犯しています。このように言えるのは，演繹的推論を取り扱っているからだということを忘れてはなりません。帰納法という観点からすれば，粉屋の娘が大量のわらと一緒に一晩中閉じ込められていたという事実は，この娘がわらを黄金に変えることができると考えるだけの理由を与えます。もし，三日連続して，この条件がしっかりと守られていたのであれば，帰納的な論証に基づいて，この娘には不思議な力があるという強い証拠があると言ってもよいかもしれません。

　妥当な演繹的推論と同様に，妥当しない推論の基本的な形式を見分ける練習を児童生徒にさせるのはよい考えです。次のものは中学生向けの練習の例です。

─────────────────────────────

練習：どんな形式の誤謬か？

以下の論証のうち，どれが前件否定の誤謬を含んでいますか。また，どれが後件肯定の誤謬を犯していますか。
1. 新しい下水施設が川を汚染しているならば，死んだ魚が増えることが予想される。実際，そうなっている。だから，新しい下水施設は川を汚染している。
2. ストークスにアリバイがあるならば，無実だろう。しかし，ストークスにはアリバイがない。だから，彼は無実ではない。
3. 雨期が早く来れば，収穫はだめになってしまうだろう。しかし，雨期が早く来ることはないと分かっている。だから，収穫がだめになることはないだろう。

4．窓が割れている。強盗が侵入したら，窓が割れる。だから，強盗が侵入したはずだ。

非形式的な誤謬

推論は，形式的には妥当であっても，誤っていることがあります。実際，結論を合理的に導くのに失敗している推論のあり方にはたくさんの種類があります。そのような非形式的な誤謬のうち，クラスで話し合いをする際に最も重要なものを以下に列挙しています。教師がこのような間違った推論のやり方を避けるよう注意するのは当然ですが，児童生徒もまた，高校に入学するまでに，これらの間違った推論を見分けることができるようになることはとても意味のあることです。この節の終わりのところに，推論の教科書に載っているような練習を付け加えてありますが，少し努力すれば，自分でも作ることができるでしょう。

◆対人論証〔人に訴える誤謬〕(*ad hominem*)

児童生徒が倫理学的探求に参加する際，その探求は倫理学的な仕方で行う必要があります。中でも，個人攻撃はあってはなりません。人の意見に反対だと表明することは何も悪いことではありません。しかし，他人の意見に反対する理由を示すことと，他人の人格を攻撃することとはまったく違うことです。このような種類の攻撃が対人論証です。対人論証は論証を批判するのではなく，相手を批判します。菜食主義者のリリーが肉食に反対する論証をしたところ，サムから「菜食主義者はたいていそう言うけどね」という反論を受けました。サムはリリーの言い分の当否を検討せず，リリーを攻撃することでその言い分を退けてしまっています。実際，サムの論証は「あなたは肉食に反対する論証を行っている。しかし，あなたは菜食主義者で，肉食に反対している。だから，あなたの論証は聞くに値しない」というものです。対人論証は協働で行う倫理学的探求にはそぐわないものです。もしそのようなことが生じたら，教師はそのことを指摘する必要があります。児童生徒にこの類のことを最初から注意し

ておく一つのやり方は，相手をけなしてはならないということを話し合いのルールとしておくことです。

◆論点の逸脱

　誰かの意見に対して賛否を論じているときに，うっかりと論点を逸してしまったりすることがあります。それどころか，問題になっていることを無視したり，意図的に別のことについて賛否を論じたりすることすらあります。他の人が主張する論点を逸したり，それを無視したりすれば，議論になっている命題に対して，賛成であれ，反対であれ，いかなる理由も提示してはいません。時折，児童生徒は人の意見に答えていると主張しながらも，実際には，話題を，関連してはいても，自分が論じたいと思っている別の論点に意図的にずらしていることがあります。あるいは，児童生徒が問題となっている事柄を単に誤解しているということもよくあることです。以下のものはこの種の問題の典型的なものです。

> ジェイソン：あなたの誕生日のために妹が作ってくれたプレゼントが気に入らないからといって，妹にそれが気に入らないと言いますか？　私だったら言いません。
> カイリー：妹の気持ちを傷つけるくらいなら，小さな罪のない嘘をつく方がいいでしょう。
> インガ：私はジェイソンとカイリーに反対です。何か別の言い方をさがすべきです。嘘をつくのではなく，しかも，妹の気持ちをそこねないような何か別の言い方をさがすべきです。

　インガの提案はよいものかもしれませんが，インガはそれまでの意見の論点を逸しています。実際，ジェイソンの言っていることはインガの提案と矛盾しておらず，ひょっとしたらインガの意見と同じかもしれないのです。インガはカイリーが言いたいことも誤解しています。カイリーが言いたいのは，自分の妹に罪のない嘘をつくことは，自分の本心を言って，妹の気持ちを傷つけるよ

りはましだということです。このことは，三つ目のインガの意見を排除してはいません。カイリーはインガの意見の方がよいと賛成するかもしれないのです。

◆間違った選択肢

　児童生徒が倫理学的な問題，論点，問いに対して答えるとき，様々な提案を思いつくことがよくあります。そうであっても，児童生徒は重要な可能性を考慮しそこなっているかもしれません。あるいは，適切な手順を踏んでいなければ，話し合いの途中で，前に出た提案を見失ってしまうこともあります。そうなると，クラスはいくつかの提案の相対的な良し悪しを論じ，ある論点についてどちらか一方を支持してしまい，結局，他にも重要な可能性があることを無視してしまうことになります。ディスカッションの枠組みを決めている問いですら，間違った選択肢から選んでいるのかもしれません。「ある人の行動を道徳的な観点から評価する場合，行動の結果によるべきか，それとも，行動の目的によるべきか？」という問いを例にしてみましょう。この問いは，結果と動機という二つの重要な基準を提起しています。しかし，そのような仕方で枠組みが決められてしまうと，結果でも動機でもない独自な道徳的原理の観点から人の行動を評価するといった，他の可能性が暗黙のうちに排除されてしまうのです。

◆無知に訴える誤謬 (*appeal to ignorance*)

　児童生徒は，自分の主張が反論を受けると，反論の正しさを立証する責任が反論者にあるとしてしまうことがあります。その際，提案する人は，反論者が自分の主張は認められないということを上手く説得できなければ，そのことは自分の主張が正しいということを示している，と解釈してしまうのです。その結果，反論者がどのように反証すればよいか分からないからというだけの理由で，その主張が本当であるとされてしまうのです。このようなことは無知に訴える誤謬として知られています。次の例で説明してみましょう。

> エイデン：悪いことをする人に仕返しをするのは正当だ。

第5章　教室での活動と練習問題を組み立てる

> アンナ：よくは分からないけれど，それは正しくない気がする。
> エイデン：なぜ？ どこが間違っている？
> アンナ：ちゃんと言うことができないけれど，正しくない気がする。それだけ。
> エイデン：それだけしか言えないのなら，アンナ，僕の言い分が正しいということになるんじゃないかな。

　ここでエイデンは無知からの論証（argument from ignorance）に依拠しています。アンナはエイデンの主張に同意する理由は何も与えていません。もし，アンナがエイデンの意見のどこが間違っているのかを言えないというだけの理由で，アンナはそれを受け容れなくてはならないとエイデンが言っているのであれば，それはまったく不当なことです。エイデンは，アンナに立証責任を押しつけることで，アンナを劣勢に立たせています。しかし，主張しているのはエイデンの方です。アンナがその主張を疑わしいと思うのであれば，アンナがエイデンにその主張を立証するよう求める方が一層適切なことです。

◆論点先取

　論証が論点となっている当の事柄を前提としているとき，論点先取の誤謬が生じます。もちろん，そうしていることが明らかならば，そんな仕方で論証することには意味がないでしょう。論証は形式的には妥当でも，何かを証明しているとは限りません。それでも，同じ事柄が二つの仕方で，すなわち，最初は前提として，次いで結論として，主張されている場合，論証が循環していることは必ずしも明らかではありません。例を挙げてみましょう。「児童生徒が倫理学を学ぶことはためになる。なぜなら，児童生徒が習得する知識は児童生徒にとって本当に価値あるものとなるからである」。児童生徒が倫理学を学ぶことはためになるという結論は，習得された知識が価値あるものとなるという前提から引き出されています。ためになるとは，簡単に言えば，価値があるということです。ですから，この結論は事実上前提を言い直したものにすぎないのです。

論証すべき事柄を論証の中で用いてしまうと，このような誤謬がもっと頻繁に生じます。[2] 熱狂的な福音主義キリスト教徒と論争するときに，このようなことを経験したことがあるかもしれません。

> マシュー：聖書は神の言葉を啓示しています。
> クレア：あなたはそのことを確信しているように見えます。
> マシュー：そのように神は私たちに語っているのです。そして，あなたは神を信頼することができます。
> クレア：そのように神が私たちに語っているとどうやって分かるのですか。
> マシュー：だって，そのように聖書に書いてあるからです。

このやりとりでマシューは，「聖書は神の言葉である」(the Bible is the word of God) ことを論証するために，「聖書は神の言葉である」(the Bible is God's word) という主張を用いています。マシューの結論が正しいかどうかに関わりなく，あるいはこの論証が形式的に妥当かどうかに関わりなく，[3] マシューの推論は間違っています。

◆わら人形論法（ダミー論法）(*straw man*)

わら人形論法というのは，相手の提案や命題をわざと不正確に言い直すものです。誇張したり，過度に単純化して，元々の提案を否定しやすいものにすり替え，相手が主張している元々の命題ではなく，すり替えられた命題に反論を向けるのです。明らかな例を挙げましょう。

> シャーメイン：母親の命を危うくするのであれば，妊娠後期の胎児を中絶することは，なるほど，悲劇的かもしれませんが，それでも間違っているとは思いません。
> リドリー：だとすれば，あなたは，生まれる前であろうとも，小さな子どもを殺すことに賛成していることになります。それ

第5章 教室での活動と練習問題を組み立てる

> は間違いです。誰かがやってきて，あなたの弟や妹を殺すとしたら，どう思いますか。

　教室での倫理学的な探求の際に生じることはあまりないかもしれませんが，わら人形論法は，ある人の言葉をその文脈からはずして引用したり，故意に，正当と思える主張ではなく，弱点をついて攻撃したりすることから，生じることもあります。

　問題が入り組んでいるときだけではなく，感情的な論点に関わるときには特に，わら人形論法に注意する必要があります。たいていの児童生徒は，言いもしないことを言っているとされたら，違うと訂正することができますが，わら人形を攻撃するといった傾向は早いうちに摘み取っておく必要があります。

練習：どんな種類の誤謬か？

以下の文はどんな種類の誤謬を犯しているのかを指摘して下さい。

1．あなたは，人間が身体，知性，霊魂という三つの異なった構成要素から作られていると信じなくてはならない理由などあるだろうかと私に尋ねます。あなたは，そんな理由などないと証明しようとしています。
2．石炭による火力発電所を止めるべきだとは思いません。それを止めたら，原子力発電所を作らなくてはならず，もっと悪いからです。
3．私は，後悔するよりも安全である方がよいと考える人には同意できません。私はときに馬鹿げたことをしますが，それを後悔したりしません。
4．信仰を持たない者は地獄に落ちる。というのも，救済されるためには，信仰を持つ必要があるからだ。
5．正直だと主張する人は嘘つきだ。というのも，誰だって一生に一つくらいは嘘をつくからだ。
6．あなたは私がわがままだと思っていますが，そんなことを言えた立場でしょうか。
7．彼女は，動物を虐待してはならないと言います。けれど，それは本当で

はありません。動物はいつも虐待されています。
8．弁護人は，被告がその罪を犯すことはできなかったと述べている。そんなことを言うなんて，いったいいくらもらったんだろう。
9．人間の行動は生まれと育ちの産物であると誰もまだ証明できていない。だから，別の要素があるに違いない。
10．エロイーズは，友だちにはどんなことでも話すべきだと言っています。しかし，マディソンは，友だちであっても暗証番号を伝えるべきではないのですから，エロイーズが間違っていると答えました。
11．民主主義を支持する証拠が必要であれば，独裁が行われている国々のことを見さえすればよい。
12．みんなに言論の自由を認めることは社会の利益に適います。というのも，共同体の福祉は私たち皆が自分の意見を表現する自由を持てることにかかっているからです。

（答え）(1)無知に訴える誤謬，(2)間違った選択肢，(3)論点の逸脱，(4)論点先取。(5)わら人形論法，(6)対人論証，(7)論点の逸脱，(8)対人論証，(9)無知に訴える誤謬，(10)わら人形論法，(11)間違った選択肢，(12)論点先取。

注
1) 例はCam, et al. 2007にある 'Ask Three Questons' から。
2) 羽のない鶏の画像と，それについての短いディスカッションはインターネットで簡単に閲覧できます。例えばhttp://www.nextnature.net/2006/10/featherless-chicken/ をご覧下さい。
3) どう見ても，マシューの結論は前提と同じです。「P。それゆえ，P」という論証は妥当です。結論が偽であって，しかも前提が真であることは不可能です。それでも，マシューの推論は論点先取の非難を免れることはできません。
1〕 オーストラリアの学制では，第7〜8学年で，12〜14歳に相当する。
2〕 the argument further down the trackは「これから行う論証」だが，その論証が結論を証明するためのものであるにもかかわらず，その中で結論が使われてしまっているということ。

参照文献

Allen, P 2000, *Herbert and Harry*, Penguin, Melbourne.

Cam, P, Fynes-Clinton, L, Harrison, K, Hinton, L, Scholl, R & Vaseo, S 2007, *Philosophy with young children: a classroom handbook*, Australian Curriculum Studies Association, Canberra.

Carey, J (ed.) 1987, *The Faber book of reportage*, Faber & Faber, London.

Lipman, M 2003, *Elfie*, Institute for the Advancement of Philosophy for Children, New Jersey.

Pilger, J 2001, *Reporting the world*, 21 Publishing, London.

Rawls, J 2005 (1971), *A theory of justice*, Harvard University Press, Boston.〔ジョン・ロールズ『正義論』川本隆史・福間聡・神島裕子訳, 紀伊國屋書店, 2010年〕

参 考 文 献

Allen, P 2000, *Herbert and Harry*, Penguin, Camberwell.
Anderson, E 2010, 'Dewey's Moral Philosophy', in *The Stanford encylopedia of philosophy*, Fall edn, Edward N Zalta (ed.), <http://plato.stanford.edu/archives/fall2010/entries/dewey-moral/>.
Aristotle, T*he Nicomachean ethics*, book II, trans. WD Ross, available at <http://classics.mit.edu/Aristotle/nicomachaen.html>.〔アリストテレス『ニコマコス倫理学』第2巻,朴一功訳,京都大学学術出版会,2002年〕
Bentham, J 2007, *An introduction to the principles of morals and legislation*, Dover Publications, New York.〔J. ベンサム『道徳および立法の諸原理序説』〈『世界の名著 (49) ベンサム／J. S. ミル』〉関嘉彦責任編集,山下重一・早坂忠・伊藤吉之助訳,中央公論社,1979年に抄訳所収〕
Blackburn, S 2001, *Being good: a short introduction to ethics*, Oxford University Press.
British Broadcasting Corporation 2012, *Introduction to ethics*, BBC, London, <http://www.bbc.co.uk/ethics/introduction/>.
Bruner, J 1960, *The process of education*, Harvard University Press, Boston.〔J. S. ブルーナー『教育の過程』鈴木祥蔵・佐藤三郎訳,岩波書店,1963年〕
Burgh, G, Field, T & Freakley, M 2006, *Ethics and the community of inquiry*, Thomson Social Sciences Press, Melbourne.
Cam, P 1995, *Thinking together: philosophical inquiry for the classroom*, Primary English Teaching Association/Hale & Iremonger, Sydney.〔フィリップ・キャム『共に考える』桝形公也監訳,井谷信彦・高井弘弥・中川雅道・宮澤是訳,萌書房,2015年〕
Cam, P 1997, *Thinking stories 3*, Hale & Iremonger, Sydney.
Cam, P 1997, *Thinking stories 3: teacher resource activity book*, Hale & Iremonger, Sydney.
Cam, P 2006, *Twenty thinking tools: collaborative inquiry for the classroom*, ACER Press, Camberwell.
Cam, P 2011, *Sophia's question: thinking stories for Australian children*, Hale & Iremonger, Sydney.
Cam, P 2011, *Sophia's question: teacher resource book*, Hale & Iremonger, Sydney.

Cam, P, Fynes-Clinton, L, Harrison, K, Hinton, L, Scholl, R & Vaseo, S 2007, *Philosophy with young children: a classroom handbook*, Australian Curriculum Studies Association, Canberra.

Carey, J (ed.) 1987, *The Faber book of reportage*, Faber & Faber, London.

Cavalier, R 2002, *Online guide to ethics and moral philosophy*, Carnegie Mellon University, Pittsburgh, <caae.phil.cmu.edu/Cavalier/80130/Syllabus.html>.

Department of Industry, Innovation, Science, Research and Tertiary Education n.d., *Logic and values*, M McRae & J Hutson, TechNyou Science Education Resources, Canberra, <education.technyou.edu.au/critical-thinking>.

Dewey, J 1909, Moral principles in education, Houghton Mifflin, Boston. Available at <http://www.gutenberg.org/ebooks/25172>.

Dewey, J 1957 (1919), *Reconstruction in philosophy*, enlarged edn, Beacon Press, Boston.〔ジョン・デューイ『哲学の改造』清水幾太郎訳, 岩波文庫, 1968年〕

Dewey, J 1971, 'Teaching ethics in the high school', in J-A Boydston (ed.), *The collected works of John Dewey: early works*, vol. 4, Southern Illinois University Press, Carbondale.

Dewey, J 1980 (1929), *The quest for certainty*, Perigee Books, New York.〔ジョン・デューイ『確実性の探求』〈デューイ=ミード著作集5〉河村望訳, 人間の科学社, 1996年〕

Dewey, J 1991 (1910), *How we think*, Prometheus Books, Buffalo, New York. Available at <http://www.gutenberg.org/ebooks/37423>.〔ジョン・デューイ『思考の方法』植田清次訳, 岩波文庫, 1950年〕

Durant, W 1939, *The life of Greece*, Simon & Schuster, New York.

Eshleman, A 2009, 'Moral responsibility', in *The Stanford encyclopedia of philosophy*, Winter edn, Edward N Zalta (ed.), <http://plato.stanford.edu/archives/win2009/entries/moral-responsibility/>.

Fieser, J 2009, 'Ethics', *The Internet Encyclopedia of Philosophy*, <http://www.iep.utm.edu/ethics/>.

Flew, A 1975, *Thinking about thinking*, Fontana/Collins, Glasgow.

Frankena, WK 1989, *Ethics*, 2nd edn, Prentice Hall, New Jersey.〔ウィリアム・K. フランケナ『倫理学』〈哲学の世界2〉杖下隆英訳, 培風館, 1967年〕

Freakley, M, Burgh, G & Tilt MacSporran, L 2008, *Values education in schools: a resource book for student inquiry*, ACER Press, Camberwell.

Grayling, AC 2003, *What is good? The search for the best way to live*, Weidenfeld & Nicolson, London.

Hume, D 1896 (1739), *A treatise of human nature*, ed. LA Selby-Bigge, Clarendon

Press, Oxford. Available at <http://search-ebooks.eu/a-treatise-of-human-nature-258784030>.〔D. ヒューム『人間本性論』第1巻　木曽好能訳，第2巻　石川徹訳，第3巻　伊勢俊彦訳，法政大学出版局，2011〜2012年〕

Jewell, P, Webster, P, Henderson, L, Dodd, J, Paterson, S & McLaughlin, J 2011, *Teaching ethics: a curriculum-based approach to ethical thinking*, Hawker Brownlow Education, Moorabbin.

Kant, I 1964 (1785), *Groundwork of the metaphysics of morals*, trans. HJ Paton, Harper Torchbooks, New York.〔I. カント『道徳形而上学の基礎づけ』中山元訳，光文社古典新訳文庫，2012年〕

Kelley, D 1988, *The art of reasoning*, WW Norton & Company, New York.

Kohlberg, L 1981, *The philosophy of moral development*, Harper Collins, New York.

Law, S 2006, *The war for children's minds*, Routledge, London.

Lipman, M 1983, *Lisa*, Institute for the Advancement of Philosophy for Children, New Jersey.

Lipman, M 1988, *Philosophy goes to school*, Temple University Press, Philadelphia.

Lipman, M 1995, 'Caring as thinking', *Inquiry: critical thinking across the disciplines*, vol. 15, no. 1, pp. 1-13.

Lipman, M 2003, *Elfie*, Institute for the Advancement of Philosophy for Children, New Jersey.

Lipman, M 2003, *Thinking in education*, 2nd edn, Cambridge University Press.〔M. リップマン『探求の共同体　考えるための教室』河野哲也・土屋陽介・村瀬智之監訳，玉川大学出版部，2014年〕

Lipman, M & Sharp, AM 1985, *Ethical inquiry: instruction manual to accompany Lisa*, 2nd edn, Institute for the Advancement of Philosophy for Children, New Jersey.

Lipman, M, Sharp, AM & Oscanyan, FS 1980, *Philosophy in the classroom*, 2nd edn, Temple University Press, Philadelphia.〔M. リップマン，A. M. シャープ，F. オスカニアン『子どものための哲学授業：「学びの場」のつくりかた』河野哲也・清水将吾監訳，河出書房新社，2015年〕

MacIntyre, A 1998, *A short history of ethics*, 2nd edn, Routledge, London.〔A. マッキンタイヤー『西洋倫理学史』深谷昭三訳，以文社，1986年〕

Mill, JS 2008 (1859), *On liberty and other essays*, Oxford University Press. *On Liberty* is available at <http://ebooks.adelaide.edu.au/m/mill/john_stuart/m645o/>.〔J. S. ミル『自由論』斉藤悦則訳，光文社古典新訳文庫，2012年〕

Noddings, N 2003, *Caring: a feminine approach to ethics and moral education*, 2nd edn, University of California Press, Berkeley.〔N. ノディングズ『ケアリング――

倫理と道徳の教育　女性の視点から』立山善康・林泰成・清水重樹・宮﨑宏志・新茂之訳，晃洋書房，1997年〕

Norman, R 1983, *The moral philosophers: an introduction to ethics*, Oxford University Press.〔R. ノーマン『道徳の哲学者たち――倫理学入門〔第2版〕』塚崎智・樫則章・石崎嘉彦訳，ナカニシヤ出版，2001年〕

Nozick, R 1974, *Anarchy, state and utopia*, Basic Books, New York.〔R. ノージック『アナーキー・国家・ユートピア――国家の正当性とその限界』嶋津格訳，木鐸社，1995年〕

Piaget, J 1999 (1932), *The moral judgment of the child*, Routledge, Abingdon.

Pilger, J 2001, *Reporting the world*, 21 Publishing, London.

Pirie, M 1985, *The book of the fallacy*, Routledge & Kegan Paul, London.

Plato, *The collected dialogues*, E Hamilton & C Huntington (eds), Princeton University Press, New Jersey, 1999.〔特に，『プラトン全集9』藤沢令夫訳，岩波書店，1974年，248頁〕

Pritchard, M 2009, 'Philosophy for children', in *The Stanford encyclopedia of philosophy*, Summer edn, Edward N Zalta (ed.), <http://plato.stanford.edu/archives/sum2009/entries/children/>.

Ralston, S 2008, 'Teaching ethics in the high schools: a Deweyan challenge', *Teaching Ethics*, Fall edn, pp. 73–86.

Rawls, J 2005 (1971), *A theory of justice*, Harvard University Press, Boston.〔J. ロールズ『正義論〔改訂版〕』川本隆史・福間聡・神島裕子訳，紀伊國屋書店，2010年〕

Richards, TJ 1978, *The language of reason*, Pergamon Press, Sydney.

Richardson, HS 2009, 'Moral reasoning', in *The Stanford encyclopedia of philosophy*, Fall edn, Edward N Zalta (ed.), <http://plato.stanford.edu/archives/fall2009/entries/reasoning-moral/>.

Russell, B 1961 (1945), *A history of Western philosophy*, George Allen & Unwin, London. Available at <http://archive.org/details/westernphilosoph035502mbp>.〔B. ラッセル『西洋哲学史1～3』市井三郎訳，みすず書房，1970年〕

Sartre, J-P 1992 (1943), *Being and nothingness*, Washington Square Press, New York.〔J-P. サルトル『存在と無 (1)(2)』松浪信三郎訳，ちくま学芸文庫，2007年〕

Singer, P 1993, *How are we to live? Ethics in an age of self-interest*, Random House, Sydney.〔P. シンガー『私たちはどう生きるべきか』山内友三郎監訳，ちくま学芸文庫，2013年〕

Sprod, T 2001, *Philosophical discussion in moral education*, Routledge, London.

Straker, D (ed.) 2012, *Questioning*, ChangingMinds.org, <http://changingminds.org/techniques/questioning/questioning.htm>.

Straughan, R 1982, *Can we teach children to be good?* George Allen & Unwin, London.

Thomson, P 2005, *It's so unfair*, Anderson Press, London.

Weinstein, M 1982, 'Teaching ethics in secondary school', *Analytic Teaching*, vol. 4, no. 2.

Williams, B 1973, *Morality: an introduction to ethics*, Pelican, Harmondsworth.

監訳者あとがき

　著者のフィリップ・キャム（Philip Cam）氏の紹介に関しては，先に翻訳した氏の『共に考える』（萌書房，2015年刊）の「監訳者あとがき」を参照して下さい。本訳書の原題は *Teaching Ethics in Schools*（『学校で倫理学を教えること』）ですが，本訳書では『子どもと倫理学――考え，議論する道徳のために――』とさせてもらいました。原題には *A New Approach to Moral Education*（「道徳教育への新しいアプローチ」）という副題がついており，新しいアプローチとは哲学的アプローチのことなのです（本書を要約紹介した論文として氏は「道徳教育への哲学的アプローチ」（桝形公也訳，関西倫理学会編『倫理学研究』第46号，49-60頁）を書いています）。そして，本書の内容がまさに「考え，議論する」という「子どものための哲学」（P4C）のアプローチなのです。

　あるいはむしろ，哲学的アプローチというよりも倫理学的アプローチと言った方がいいかもしれません。というのも，本書の構成は，第1章，第2章で道徳教育に対する原理的な理解や教育方法を論及し，第3章では倫理学の基礎的な理解を紹介し，第4章では倫理学的探求の特質を哲学的に反省して，最後の第5章では教室での実践の手引きを示してくれているからです。つまり，本書は「倫理学を教育的目的のために再構成すること」を目指しているわけです。言い換えれば，道徳教育を一つの応用倫理学として考えているわけです。

　現在，日本の道徳教育において何よりも話題になっているのが，言うまでもなく，平成30年度から実施される道徳科の問題です。今ここでは道徳の教科化の是非については論じませんが，このことに関しては，何よりも，2016年12月に発布された中央教育審議会の「幼稚園，小学校，中学校，高等学校及び特別支援学校の学習指導要領等の改善及び必要な方策等について（答申）」を参照すべきでしょう。ここでは，簡単に戦後の日本の道徳教育の課題として「歴史的経緯に影響され，いまだに道徳教育そのものを忌避しがちな風潮があること，他教科に比べて軽んじられていること，発達の段階を踏まえた内容や

指導方法となっていなかったり、主題やねらいの設定が不十分な単なる生活経験の話合いや読み物の登場人物の心情の読み取りのみに偏った形式的な指導が行われていたりする」ということが例として挙げられています。このような実態を踏まえて、「多様な価値観の、時には対立がある場合を含めて、誠実にそれらの価値に向き合い、道徳としての問題を考え続ける姿勢こそ道徳教育で養うべき基本的資質であるという認識に立ち、発達の段階に応じ、答えが一つではない道徳的な課題を一人一人の児童生徒が自分自身の問題と捉え、向き合う「考え、議論する道徳」へと転換を図る」ことが道徳の教科化の目的であるとされています。巷でよく言われますのは、「読む道徳から考える道徳」への転換ということです。

答申では、道徳科の目標は「道徳的な判断力、心情、実践意欲と態度を育てる」とされており、学校における道徳教育では道徳的価値の指導教授に終始することがないように配慮が求められています。本書でも、従来の道徳的価値の指導教授や訓練を批判し、道徳的領域を児童生徒が理解するには、探求を協働的なものにし、道徳的判断力を身につけるように教育する必要があるということを強調しています。

学びのあり方として、答申では「考え、議論する」ということが挙げられています。「考える」というあり方に関しては、私たちは一人で、じっくりと考えるということをまず思い浮かべます。それは、「ロダンの考える人」のイメージです。しかし、共に議論するという思考のあり方は、ラファエロの『アテナイの学堂』のイメージなのです。探求が協働的に行われる場合、そこでは単に批判的思考力が育成されるだけでなく、相手を思いやる「ケア的思考」が育まれ、議論の過程そのものが道徳的活動になるのです（本書、85-86頁参照）。

また、答申の「「主体的・対話的で深い学び」の実現」という項目では、子どもたちが「何を学ぶか」ということ以上に、「どのように学ぶか」ということが重要視されています。本書の第2章でも「「ということ」(that) を教えることと「どのように」(how) を教えること」という節では、「もしも、児童生徒がある場合の事実について十分知っていなければ、それに関して適切な道徳的判断をするということは期待できないでしょう。しかし、善い道徳的判断を育

成するためには，そのような事実を知るということ以上のことが必要なのです。そのためには，それらの事実を，様々な側面を持つ性格や行為の道徳的価値について推測し，説明し，正当化し，推論するために用いる必要があるのです」ということで，道徳的領域においては，「何を」どんなに教えても，それは「どのように考えるか」を学習することに代えることはできないと主張されています。

　P4Cのアプローチで行われた道徳の授業を見た先生からは，この授業は授業というよりも学級経営の方法として有効ではないのか，というコメントが寄せられることがよくあります。P4Cでは，議論をする場として知的な安全性というものがなければならないと言われます。先生も含め，子どもたちが一人の個人として，平等に，自分の意見を率直に述べ，他者の意見に耳を傾けるためには教室に知的安全性がなければいけません。この知的安全性の確保の努力が見られる授業は，学級経営がうまく機能しているということです。このことを答申の表現を使って言えば，「上記のような「主体的・対話的で深い学び」を実現するためには，多様な意見を受け止め，認め合える学級の雰囲気がその基盤としてなくてはならず，学級（ホームルーム）経営の充実が大変重要である。このことは，道徳的価値を自分との関わりで捉え考えを深める時間である道徳においては特に求められると言える。一方で，道徳の時間を通して，児童生徒理解を深め，これを学級経営に生かすということも考えられる」となるでしょう。

　本書と中央教育審議会答申との対応には少し驚かされていますが，本書の「日本の読者のために」でも触れられていますように，キャム氏は2015年10月30日に来日され，11月2日には兵庫県西宮市の高木小学校の4年生（金澤正治先生のクラス）で実際に授業をされています。授業の目標は「児童が友だちであるとはどういうことかを一層深く理解する」というもので，先ず，導入として，「友だちとは何か」を児童をペアにして簡単に議論させ，相手の意見を発表してもらって，その賛成か反対かを，理由をあげて言う，という活動をし，次に，カザ敬子文・絵『とらくんとぼく』（西村書店，1996年）を読み，とらくんはぼくにとって友だちらしいかを，やはり理由をあげて，自分の意見を述べるという活動，さらに，7つのシナリオないしストーリーを提示して，それぞれのシ

ナリオの主人公が友だちらしいか，そうでないかを議論するという授業でした。

「とらくんはともだちらしいか？」という問いに対しては，子どもの一人は，「僕はそんなにいい友だちではないと思います。なぜかというと，とらくんはいつも自分が有利みたいな，自分がいい立場になるように，わざとやってたから，だから，本当の友だちではなかったんじゃないかなと思います」と答え，この意見に対しある子は，「僕はその意見に賛成で，何か，とらくんが，例えば，ドーナツ独り占めしてるけど，ネズミの方はまったく何も言えないから，多分それは本当の友だちではないと思う」という意見を述べると，別の子は，「私はその意見に反対で，ドーナツとか，分け合うのは不平等だったけど，それでもネズミ君は付き合っているから，本当の友だちではないかもしれないけど，ちょっとは友だちだと思います」という反対意見を述べました。

7つのシナリオに関しては，先ず，4人で一組のグループを7つ作らせ，シナリオを描いたカードをそれぞれのグループに渡し，そのカードに書いてあることが友だちらしい振る舞いかどうかを考えさせてから，グループの意見を発表させるというものでした。もちろん，グループが意見を言うときには理由も付けるようにという指示を出しています。例えば，「**りん**は自分は**あかり**の友だちだと言っているけど，**あかり**に宿題を写させなかった。**りん**の振る舞いは友だちらしいだろうか？」というカードを渡されたグループは，「友だちらしい」という回答を行い，その理由を「写させてあげれば，その友だちのためにならないから，そのことを考えて，写させなかった」と述べました。

授業は，通訳を介してということであったので，各グループがその意見と理由を述べて終わってしまい，議論という形にはなりませんでした。

授業の後では，参観者を含めての質疑応答がありましたが，それに関しては，この授業の記録も含めて，p4c.japanのホームページに載せてありますので，参照して下さい。

子どもたちはキャム氏の授業の実践だけでは，明らかに欲求不満であったので，金澤先生はキャム氏の授業を受けて，さらに子どもたちに議論をさせることにしました。この授業では，「友だちとして行動した（振舞うの代わりに）」「友だちとして行動していない」「？（はてな）」という3枚のカードが用意され，

それらが床の上に置かれ，先の7つのシナリオがそれぞれどれに当てはまるかをカードの下に置かせるという活動から始まりました。この授業のときには，各グループは児童がそれぞれ自分たちの意見を出し合い，グループ内の意見がまとまらないという状況がいくつか生まれました。例えば，先のシナリオに関しては，「最初，僕ははてなで，他の二人は，簡単に言えば，友だちとして行動していないになってたんだけど，結局はてなになったんですけど，もし，確かに，宿題を写すとやっぱり学力はつかないんだけど，でも，例えば，夏休みとか，そういうときに，宿題が大量に溜まっているときとか，そういうときには，やっぱり，ちょっと，助けてあげた方がいいかなっと思ったから，だから，両方のパターンがあるから，はてなです」という回答になりました。これに対しては，グループの中からやはり，「なぜかというと，**りん**は確かに宿題を写させてあげなかったけど，それは**あかり**のためなので，友だちとして行動したと思います」という意見が出ました。

　この問題に関しては，この後，かなり集中的に意見が交わされました。また，最初に出された7つのシナリオには，同じパターンのものがあるということにも，子どもたちは気が付きました。いずれにしても，議論はかなり深まっていき，一つの状況でも前後の事実関係がどうであるかによって，様々に解釈されることがあったり，実際子どもたちは，ある意味，すべての状況を考慮したうえで，自分の判断を下すようになっていきました。その過程で，自分の意見を変えたり，修正したり，相手の考え方を批判したりしていき，最終的にはある程度の全員の了解のようなものへと収束していきました。この様子は，同じく，p4c.japanのホームページに掲載されていますので，是非ご覧下さい。

　私としては，まさにこのような授業の展開が，お互いに協働し合いながら考えを深め，自らの道徳的判断を育成していく過程であったと考えています。

　本書成立の過程に関しては，著者のキャム氏が「日本の読者のために」で紹介してくれています。それによると，オーストラリアの州立の学校で宗教教育を受けなくなった児童生徒のために，倫理学的探求のパイロットプログラムを考案するということの中から本書が生まれたということです。この過程で，氏

は，リップマンの探求の共同体の構想が倫理的な共同体への関与のモデルになることを発見し，これが道徳教育への新しいアプローチを提供してくれると考えるようになったということです。日本では道徳の教科化ということが，まったく異なった背景から実施されることになるわけですが，先にも簡単に紹介しましたように，中央教育審議会の答申内容と本書での提案とにかなりの共通項が見られるという点で，本書が道徳教育を実践される現場の先生方に参考になることを切に願っています。

　最後に，本訳書出版にあたっては，翻訳を担当していただいた先生方に大変なご協力をいただいたことを感謝したいと思います。そして，毎月1回集って，共に議論を戦わせているp4c.japanの参加者の皆さんに感謝したいと思います。また，萌書房の白石徳浩氏には，『共に考える』の後に翻訳書出版を快く引き受けていただいたことに，改めて感謝申し上げます。

　　2017年2月

　　　　　　　　　　　　　　　　　　　　　　　　　桝　形　公　也

索　引

ア　行

アウグスティヌス（Augustine, St）　xiii
アクィナス（Aquinas, St Thomas）　xiii
アリストテレス（Aristoteles）　xiii, xxi, 16, 38, 40, 43, 55-60, 63, 88
一般化（generalisations）　141-145, 150
エゴイズム（egoism）⇒「倫理学の理論」を参照
黄金律（Golden Rule）　xiii, 50

カ　行

概念の探求（conceptual exploration）　82, 101, 123-134
　概念的な対立（conceptual opposition）　123-124
　種類の違い（difference of kind）　123-129
　ダンベル（Dumbells）　124
　程度の違い（difference of degree）　129-134
　ブリッジ（Bridge）　130
家庭，その役割（home, the role of）　xi-xiv, 9
神の命令／神命説（Devine Command/Devine Command Theory）⇒「倫理学の理論」を参照
カリキュラム（curriculum）　x, xxi, 22, 24, 28-32
カント（Kant, Immanuel）　xxi, 40, 44, 46, 51-55, 65, 68, 97
寛容（tolerance）　12, 81, 84
義務（duty）　40, 50-55, 65, 68
義務論（deontology）⇒「倫理学の理論（ethical theories）」を参照
経験論（empiricism）　65
決定論（determinism）　69

結論を急ぐ（jumping to conclusions）　135, 139-141
行為者（agents）　6-7, 8, 36
公正（fairness）　17-19, 30-31, 77, 81, 96, 108, 114-115, 123, 147-148
構成主義（constructivism）　xv
幸福（happiness）　37-40, 47-49, 50, 51, 55-56, 60
功利主義（utilitarianism）⇒「倫理学の理論」を参照
合理主義（rationalism）　65
口論（arguments）　16
子ども（childhood）
　ピューリタン的理解（conceptions of puritan）　xvi
　ロマン主義的理解（romantic）　xvi
誤謬（fallacies）　101, 135, 152-161
　後件肯定の誤謬（affirming the consequent）　152-155
　前件否定の誤謬（denying the antecedent）　152-155
　対人論証／人に訴える誤謬（ad hominem）　155-156
　間違った選択肢（false alternative）　157
　無知に訴える誤謬（appeal to ignorance）　157-158
　論点先取（begging the question）　158-159
　論点の逸脱（missing the point）　156-157
　わら人形論法／ダミー論法（straw man）　159-160

サ　行

サルトル（Sartre, Jean-Paul）　69
思考（thinking）　85-87

ケア的——（caring）　　85-87
　創造的——（creative）　　85-87
　批判的——（critical）　　85-87
社会のヴィジョン（society, vision of）
　　12-15, 21-22
自由（freedom）　　68-70, 125, 161
自由意志（free will）　　36, 69
宗教（religion）　　xii-xiv, 7, 11, 19, 31
宗教指導教授（religious instruction）
　　22, 31-32
十戒（Ten Commandments）　　50
正直（honesty）　　11, 17, 19-20, 55, 58, 81, 135
信仰（faith）　　xii-xiii, xv, 11, 19, 31, 65
信念（belief）　　xiv-xvi, xx, 11-12, 66
推論する／推論（reasoning）
　演繹的（deductive）　　135, 144-154
　過程（assumptions）　　81, 85, 92-93, 96, 101, 120, 140-141, 150
　帰納的（inductive）　　135, 139-143
　形式（form）　　135, 136, 137, 146, 148, 152, 154
　形式的誤謬（formal fallacies）　　135, 152-154
　条件的（conditional）　　136-138
　推理／推論（inference）　　80, 92, 94, 121, 123, 134-136, 139, 141-143, 146, 148, 149
　前提（premises）　　92, 95, 135, 143, 144-145, 148-154, 158
　だから（'So'）　　144
　妥当性（validity）　　135, 148, 152, 154, 158
　適切な推論と適切でない推論（good and bad）　　144-154
　非形式的な誤謬（informal fallacies）　　135, 154-161
　モードゥス・トレンス／後件否定式
　　（modus tollens）　　149-152
　モードゥス・ポーネンス／前件肯定式
　　（modus ponens）　　149-152
　論証（argument）　　135-136

スピーカーズ・ボール（Speaker's Ball）
　　88, 128, 133, 137
性格訓練（性格を訓練すること）（character training）　　xx, 17-19
正義（justice）　　39, 81, 113-115, 117
絶対主義（absolutism）　　xiv-xvi
善（the good）　　14, 22, 34, 37-40
選択（choice）　　34, 38-39, 57, 68-69, 119
相対主義（relativism）　　xiv-xvi, 22
ソクラテス（Socrates）　　12-13, 21, 37, 47

夕　行

正しい行為（right action）　　40-44
ダンベル（Dumbells）⇒「概念の探求」を参照
中庸（Golden Mean）　　57
提案を評価する（evaluating suggestions）
　　81-83, 94-98
　結論する（concluding）　　98-100
　結論に達する（reaching conclusions）
　　83-84
　刺激する（stimulating）　　75-77, 87-89
　推論する（reasoning）　　80-81, 92-94
　提案の役割（role of suggestions）　　79-80, 90-91
ディスカッション・プラン（Discussion Plan）　　102, 110-119
ディスカッション・マップ（Discussion Map）　　91, 93, 99
デューイ（Dewey, John）　　26, 39, 49, 65
デュラント（Durant, Will）　　59
問いと問うこと（questions and questioning）　　102-123
　教師が問いかける（teacher as questioner）　　109-123
　実質的な問い（substantive questions）
　　109-119
　児童生徒が問いかける（student as questioner）　　102-109
　手続き的な問い（procedural questions）
　　109, 119-123
　問いの四象限図（Question Quadrant）

107
問いを作るための言葉(question starters)　104-105
ビッグ・クエスチョン(Big Questions)　102-105
道徳性(morality)
　――の起源と基盤(origin and basis of)　xxi, 7, 61-64
　――の知識(knowledge of)　64-66
　――の能力(capacity for)　7, 12-13, 36
道徳(moral)　xvi-xxi, 5, 6, 19, 21, 25-28
　絶対的――(absolute)　34-35, 131
　相対的――(comparative)　34-35, 123, 129, 131
　定義(defined)　5-7
道徳的経験(moral experience)
　――と子どもどうしの集団(and the peer group)　10
　――のはじまり(beginnings of)　8-10
道徳的責任(moral responsibility)　66-70, 113, 126-129
道徳的直観(moral intuition)　43, 50-51
道徳的な指導教授(moral instruction)　xx, 9, 13, 16-18, 102
道徳の領域(moral domain)　xii, 5-7, 10, 16, 20-21, 24, 35-36, 53, 61, 80, 100, 102, 134
徳(性)(virtue)　xiv, 13-15, 16, 19, 37-38, 55-61
徳倫理学(virtue ethics)⇒「倫理学の理論」を参照
「ということ」を教えること(teaching that)　23-24
「どのように」を教えること(teaching how)　23-24

ナ・ハ　行

ノージック(Nozick, Robert)　38, 49
ノディングズ(Noddings, Nell)　85-86
判断(judgement)
反例(counterexamples)　76, 82-83, 85, 97, 115, 141-143, 146, 148
美(virtue)⇒「徳(性)」を参照
ピアジェ(Piaget, Jean)　16
非難(blame)　66-68, 126-127
ヒューム(Hume, David)　63, 66
貧困(poverty)　112-113
プラグマティズム(pragmatism)⇒「倫理学の理論」を参照
プラトン(Plato)　xiii, 12-15, 30, 42-43, 86
ブルーナー(Bruner, Jerome)　30
ベンサム(Bentham, Jeremy)　38, 40, 45-47, 63, 65,

マ・ヤ　行

ミル(Mill, John Stuart)　xxi, 47-48
民主主義／民主主義的(democracy/democratic)　xx, 43,
民主制(democracy)　15
メタ倫理学(metaethics)　61-70
目的論(teleology), 倫理学の理論を参照
もしも……なら，そのときは……('if...then...')　136-139
勇気(courage)　51, 56-57, 131-133

ラ　行

ラッセル(Russell, Bertrand)　58
リップマン(Lipman, Mathew)　85, 145
リバタリアンの見解(libertarian view)　69
良心(conscience)　7
両立論者(compatibilist)　69
倫理学(ethics)　28-31, 34-70
倫理学的探求(ethical inquiry)
　基本パターン(basic pattern of)　75-76
　協働的(協働で／共に行う)(collaborative)　xviii-xxi, 15, 25-26, 27, 28, 75, 85-100, 101, 102, 122, 133, 136, 155
倫理学の理論
　エゴイズム(egoism)　18, 45-46

神の命令／神命説(Devine Command/ Devine Command Theory)　42, 62
義務論(deontology)　50-55, 60, 68, 82
功利主義(utilitarianism)　45-49, 55, 65

徳倫理学(virtue ethics)　55-61
プラグマティズム(pragmatism)　49, 65
目的論(teleology)　45-50, 60, 68, 82
ロールズ(Rawls, John)　117

訳者紹介（＊は監訳者，〔　〕内は本書の担当）

＊**桝形　公也**（ますがた　きんや）
1947年神奈川県生まれ。京都大学大学院文学研究科博士課程単位取得退学。大阪教育大学名誉教授，武庫川女子大学名誉教授。『エチカとは何か──現代倫理学入門』（共著：ナカニシヤ出版，1999年），フィリップ・キャム『共に考える──小学校の授業のための哲学的探求──』（監訳：萌書房，2015年）ほか。〔監訳：日本の読者のために，序，第2章，監訳者あとがき，索引〕

菊地　建至（きくち　たけし）
1968年大阪府生まれ。京都大学大学院文学研究科博士課程研究指導認定退学。現在，金沢医科大学一般教育機構講師。〔第1章〕

衛藤　吉則（えとう　よしのり）
1961年福岡県生まれ。広島大学大学院教育学研究科博士後期課程単位取得退学。博士（教育学）。現在，広島大学大学院文学研究科准教授。『教育と倫理』（共著：ナカニシヤ出版，2008年），『松本清張にみるノンフィクションとフィクションのはざま──「哲学館事件」（『小説東京帝国大学』）を読み解く』（御茶の水書房，2015年）ほか。〔第3章〕

柏葉　武秀（かしわば　たけひで）
1964年北海道生まれ。北海道大学大学院文学研究科後期博士課程単位取得退学。博士（文学）。現在，宮崎大学教育学部准教授。『現代倫理学』（共著：ナカニシヤ出版，2007年），『近代哲学の名著』（共著：中央公論新社，2011年）ほか。〔第4章〕

中川　雅道（なかがわ　まさみち）
1986年京都府生まれ。大阪大学大学院文学研究科博士後期課程単位取得退学。現在，神戸大学附属中等教育学校教諭。『哲学カフェのつくりかた』（共著：大阪大学出版会，2014年），フィリップ・キャム『共に考える─小学校の授業のための哲学的探求─』（共訳：萌書房，2015年），ほか。〔第5章前半〕

森　秀樹（もり　ひでき）
1963年岐阜県生まれ。京都大学大学院文学研究科博士課程単位取得退学。現在，兵庫教育大学教授。『ハイデガー「存在と時間」を学ぶ人のために』（共著：世界思想社，2012年），『ハイデガー読本』（共著：法政大学出版局，2014年）ほか。〔第5章後半〕

子どもと倫理学——考え，議論する道徳のために——〈P4C叢書〉

2017年5月10日　初版第1刷発行

監訳者　桝形公也
発行者　白石徳浩
発行所　有限会社　萌書房
　　　　〒630-1242　奈良市大柳生町3619-1
　　　　TEL (0742) 93-2234 / FAX 93-2235
　　　　[URL] http://www3.kcn.ne.jp/~kizasu-s
　　　　振替　00940-7-53629

印刷・製本　共同印刷工業・藤沢製本

©Kinya MASUGATA (代表), 2017　　　　Printed in Japan

ISBN978-4-86065-112-1

●〈P4C叢書〉好評発売中●

フィリップ・キャム著／桝形公也監訳
井谷信彦・高井弘弥・中川雅道・宮沢　是 訳

共に考える──小学校の授業のための哲学的探求

Ａ５判・並製・176ページ・定価：本体1800円＋税

◆ジョン・デューイを源流とし，マシュー・リップマンによって構想・開発された学校教育現場における哲学教育プログラムP4C (Philosophy for Children) の世界的指導者で，オーストラリアのPhilosophy in Schools Association of New Walesの会長でもあるフィリップ・キャム氏の本邦初訳。P4Cの思想と意義，および実際の進め方を具体例に沿ってやさしく解説。小中学校の先生や教育行政に携わる人たちにもお薦めの一冊。ISBN978-4-86065-099-5

〈内容目次〉

第Ⅰ部　探求への招待
第1章　考えることを学ぶ
第2章　教育的活動としての哲学的探求
第Ⅱ部　教師の仕事
第3章　物語教材を選ぶ
第4章　探求の共同体を作る
第5章　ディスカッションの計画を立て様々な補助手段を準備する
第Ⅲ部　考えるためのツール
第6章　概念のツール
第7章　推論のツール